AF591129

LA MISE EN SCÈNE

JACQUES ISNARDON

LIBRAIRIE DU SPECTACLE
GARNIER ARNOUL
5, rue Montfaucon - 75006 Paris
© 01 43 54 80 05 - Fax 01 43 54 82 92

La Déclamation Lyrique et la Mise en Scène

Copyright 1922 by Jacques ISNARDON
Tous droits de traduction et de reproduction
réservés pour tous pays
— Printed in France —

8°Yth 3899

JACQUES ISNARDON

La Déclamation Lyrique et la Mise en Scène

DE L'ÉCOLE AU THÉATRE

LA MAISON DES ARTS, 14, rue d'Uzès. PARIS.

ACQ M 97 - 52423

DL MAG 2007-23084

Du même Auteur

LE THÉATRE DE LA MONNAIE

Depuis sa fondation jusqu'à nos jours

Grand in-octavo de 720 pages et 40 planches (épuisé)

LE CHANT THÉATRAL

Grand in-octavo de 180 pages et 40 planches

Chez les Libraires, les Marchands de musique et chez l'Auteur

---

L'UNIFICATION de l'ENSEIGNEMENT LYRIQUE

Brochure

Pour paraître prochainement :

L'ENSEIGNEMENT DU CHANT

En Préparation :

LES ROUTES BLANCHES

LES ÉTONNEMENTS D'UN JOUEUR DE FLUTE

AVANT-PROPOS

Cet ouvrage n'a pas la prétention qui s'attache aux écrits didactiques.

Il s'efforce moins à enseigner ceux qui le liront qu'à les conseiller amicalement.

L'auteur l'a composé de ce qui peut être dit le fruit d'une longue expérience et, aussi, d'un long amour du chant et du théâtre.

Une telle expérience, un tel amour, qui ont leur mélancolie et leurs douleurs, s'ils ont leurs satisfactions et leur fierté, n'ont pas rempli une vie sans lui avoir inspiré le goût de se dévouer et, s'il est possible, de faire profiter de quelques lumières ceux qui entrent dans la carrière alors que nous y sommes encore.

L'auteur serait comblé si, en prévenant les débutants sur les difficultés de leur art, il les disposait ainsi à chérir cet art d'un amour plus volontaire et plus conscient.

Voici donc un livre de bonne volonté.

Qu'a voulu y tenter l'auteur? Ceci : réunir l'Ecole à la Scène ; établir la différence qui sépare la Déclamation Lyrique de la Mise en Scène que, par une erreur grave, on se plaît à confondre ; préciser l'union par laquelle les deux arts, se complétant l'un l'autre, concourent à la perfection de l'expression lyrique ; préparer dans l'élève, qui n'a encore comme public que son maître et ses camarades de classe, le chanteur, l'acteur et, mieux, l'artiste, qui devra, chaque jour, se mettre à l'épreuve de publics nombreux, divers, sans cesse renouvelés. L'exciter à vivre son art : voilà le bénéfice que l'auteur propose à celui qui le lira.

Tout concourt, dans ce livre, à ce résultat utile, tout : les principes, qui ne sont que du bon sens ; les commandements, qui ne sont que de l'affection ; les anecdotes mêmes contribuent au résultat que l'auteur s'est efforcé d'atteindre.

On y rencontrera des préceptes anciens et des idées nouvelles — parfois des redites — tout ce qu'il est nécessaire de répéter sans cesse, tout ce qu'il est utile de diffuser. On ne s'est pas donné ici les airs, souvent trop faciles, d'innover, tant il est vrai que l'originalité *coûte que coûte* est une chose, et que la vérité, même au théâtre, en est une autre. Et puis, Musset a raison, qui dit que « planter des choux, c'est imiter quelqu'un ». On s'est appliqué à faire valoir ce qui *est* incontestablement, ce qui dure, ce qui constitue le lien du passé au présent et du présent au futur ; ce qui est, somme toute, la vie dans l'art et l'art dans la vie.

Ce livre est divisé en deux parties : la ***Déclamation Lyrique***, qui est plus spécialement la part de l'élève, et la ***Mise en scène***, qui est plus spécialement la part de l'artiste.

L'auteur n'attend de cet essai qu'une récompense : faire partager à ses lecteurs son zèle et son amour pour un art par lequel l'humanité est souvent parvenue à l'âge de sa conscience, à l'âge de sa majorité.

J. I.

LA DÉCLAMATION LYRIQUE [1]

I. — LA SCIENCE DU MÉCANISME EST LA FONDATION DE L'ÉDIFICE. L'ART DU CHANT EST L'ÉDIFICE LUI-MÊME.

Ceux qui ont fait une longue carrière lyrique, même médiocre, sont seuls détenteurs d'un petit secret : le secret de la voix. Seuls, ils *peuvent* être capables de livrer — fût-ce empiriquement — ce petit secret. Seul, un chanteur peut enseigner LA VOIX : l'instrument ; car donner une leçon de chant, c'est substituer à l'oreille inexpérimentée de l'élève son oreille d'artiste, l'oreille *vocale*, si l'on peut dire, soit : l'entendement vocal, à côté de l'entendement musical.

Le Chant associe l'élément chanté à l'élément parlé, la Musique à la Parole. Si par son mystère, sa grandeur, sa poésie, la Musique amplifie et élève la Parole, celle-ci a une action limpide sur notre esprit et sur notre cœur, et c'est elle qui donne sa véritable signification à une œuvre théâtrale.

(1) Ce chapitre a été puisé en partie dans *Le Chant théâtral*, du même auteur.

Tour à tour, chacun de ces Arts l'a emporté sur l'autre. Dans l'Antiquité, la Parole régnait en souveraine. L'ancien opéra-comique la plaçait au même plan que la Musique. Notre époque a pu voir celle-ci dominatrice.

Les Allemands l'ont enrichie. Mais Wagner lui a dit : « Nous ne t'avons faite si belle que pour te soumettre : tu ne seras jamais, tu ne dois jamais être que l'épouse, et le Verbe, ton seigneur éternel, éternellement règnera sur toi ! »

Charles Gounod a écrit : « On se méprend du tout au tout sur la fonction et sur le rôle de la voix ; on prend le moyen pour le but et le serviteur pour le maître. On oublie qu'au fond il n'y a qu'un art, LA PAROLE, et qu'une fonction : EXPRIMER ; que, par conséquent, un grand chanteur doit être, avant tout, un grand ORATEUR. »

Et, avant ces deux artistes de génie, Diderot, dans *Le Neveu de Rameau,* formulait la définition suivante : « La déclamation lyrique doit être considérée comme une ligne et le chant comme une autre ligne qui serpenterait sur la première. Plus la déclamation est vraie, plus le chant, ***qui s'y conforme***, la coupe en un grand nombre de points : plus le chant sera vrai et plus il sera beau. »

Les musiciens proclament donc, eux-mêmes, la prédominance de la Parole sur la Musique.

Il y a dans un beau son une séduction véritable. L'ampleur, la souplesse, la douceur de la voix humaine offrent une beauté qui suffit à l'admiration de certains auditeurs. Mais tout ne se borne pas là. A notre époque, avec l'évolution accomplie par la musique théâtrale, le besoin s'est fait sentir, plus que jamais, de remplacer le *virtuose* par l'*artiste*.

Combien d'élèves, après de longs mois d'étude devant un piano, avec la seule préoccupation du son, ne peuvent parvenir, je ne dirai pas à quelque souplesse, quelque portée, quelque ampleur, mais seulement à connaître leur voix, à savoir ce qu'ils en peuvent attendre, ce qu'ils doivent en redouter. Ils s'ignorent complètement. Une fois appelés à incarner des personnages, à exprimer des pensées, à interpréter des sentiments, à la seule idée qu'ils sont sur une scène, qu'il pourrait y avoir devant eux un public, ils sentent — instinctivement — la nécessité de faire valoir la parole et trouvent, du coup, la véritable et naturelle émission de leur voix.

La déclamation lyrique a eu raison du chant.

De nombreux artistes de nos théâtres lyriques conviennent que, après des années stériles de gammes et de vocalises, ils n'ont *placé* leur voix que par l'articulation et l'expression.

Le plus beau son du monde n'est rien par lui-même. Il n'a de valeur que s'il exprime un sentiment.

❖ ❖ ❖

Mais qu'est-ce que la Déclamation Lyrique?

La Déclamation Lyrique implique deux règles : l'une, matérielle, repose sur l'exercice d'un organe physique, l'autre, spirituelle, participe de la pensée.

Elle ne comporte pas une définition mathématique : rien ne la borne que le goût ; elle est modifiée ou, plutôt, diversifiée selon l'organisation et la sensibilité de l'artiste.

C'est la partie *intellectuelle* du chant théâtral ; on pourrait dire qu'elle en est l'âme.

Une anecdote éclairera ces affirmations :

Marie Heilbron, pour qui la postérité est injuste et qui était une véritable artiste, avait renoncé à l'opérette pour entrer à l'Opéra-Comique, où elle créa *Manon*, puis *Cléopâtre.* Au deuxième acte de ce dernier ouvrage, se trouve une phrase où Cléopâtre avertit un esclave épris d'elle du sort terrible qu'il se prépare. Marie Heilbron, dont les moyens vocaux étaient limités, interprétait ces quelques mesures avec une force d'expression véritablement émouvante.

Un jour, souffrante, elle demanda, pendant une répétition, de se ménager. Elle dit alors sa phrase sans donner de voix. L'effet fut plus saisissant encore. Délivrée de la préoccupation vocale, l'interprétation devenait libre — libre aussi la formation verbale. De plus, la chanteuse éprouvait cette sensation que, le son matériel faisant défaut, il en fallait remplacer l'effet par un redoublement d'articulation, de portée, de déclamation. Elle réalisa, plus que jamais, toutes les intentions, exprima toutes les nuances ; elle doubla son émotion — et la nôtre.

La belle leçon de Déclamation Lyrique, de Chant théâtral !

❖ ❖ ❖

Une erreur trop répandue consiste à penser que l'enseignement de la Déclamation Lyrique se borne à indiquer les places occupées par les artistes en scène et à régler quelques mouvements et quelques gestes.

On confond l'enseignement des professeurs

avec les indications des régisseurs. Les jeunes artistes trouveront ces régisseurs, lorsqu'ils seront dans un théâtre, aux prises avec le répertoire. A l'école, ils doivent apprendre leur ***art,*** le fond, les principes essentiels de leur ***métier.*** Pense-t-on qu'un élève qui, après avoir travaillé le chant, ne recevrait que des indications de mise en scène serait capable d'interpréter un rôle ? Ce serait donner raison à la théorie de Porpora.

Rapportons l'anecdote, qui traîne dans toutes les « méthodes », sur le soi-disant système de l'ancienne école italienne. Sait-on comment s'y prenait, pour former un chanteur, le célèbre maestro Porpora ? Pendant ***cinq ans,*** il obligeait l'élève à travailler ***une page*** d'exercices de vocalisation, ***une seule,*** jusqu'à ce qu'il fût parvenu à l'exécuter dans la perfection. Alors, il le congédiait et lui disait : « Va, maintenant, tu es un grand chanteur ». Ou Porpora n'a jamais tenu un tel propos, ou il avait usurpé sa réputation.

Comment un maître aurait-il pu prendre pour un « grand chanteur » un élève seulement en possession du mécanisme de son art, cet élève y eût-il atteint la perfection ? Au reste, il n'y pouvait parvenir avant de s'être longuement entraîné à une exécution dans une grande salle, devant le public : ce qui est, on le comprend, un nouveau travail.

On ne nous dit pas si Porpora avait seulement fait articuler à son élève une voyelle ou une consonne, s'il avait juxtaposé des paroles sur ces exercices, s'il s'était occupé de l'articulation, de la valeur d'une phrase, d'un mot, de leur couleur et de leur portée. L'élève avait-il étudié la déclamation, la phraséologie? Son goût musical était-il formé? Avait-il la moindre idée des styles différents des différents personnages de son emploi? La psychologie de ces personnages lui était-elle révélée ? Avait-il songé à l'expression, à la mimique? En une seule page, une seule, avait-il acquis tout ce qui fait un grand chanteur, c'est-à-dire, précisément, ce qui lui permet de... se passer de la voix?

Aujourd'hui encore, nombre d'élèves sont convaincus, dès qu'ils jugent leur « voix posée », qu'il leur suffira d'apprendre quelques gestes, de « faire un peu de mise en scène » pour être prêts à aborder le théâtre. Si, par aventure, ils n'ont pas trop d'indulgence pour leurs propres moyens ; si, en effet, leur voix est émise naturellement, les voilà dans les mêmes conditions que l'élève de Porpora : leur instrument est en bon état, ils sont tout juste préparés... à travailler.

Hélas ! toutes ces légendes ne servent qu'à perpétuer les errements.

Celle-ci corrobore la phrase que l'on prête à Rossini et dont il est impossible qu'il soit l'auteur : « Pour réussir, il faut de la voix, encore de la voix et toujours de la voix ! »

Non, l'art du chanteur ne se résume pas en une connaissance — même approfondie — du mécanisme de sa voix. Il faut se garder de prendre pour modèles certaines célébrités que l'on impose à notre admiration et qui manquent des qualités les plus nobles de l'artiste.

Admirez la sereine indifférence de ces deux célèbres cantatrices dont l'une ignora, pendant quinze ans, que *Rigoletto*, où elle triomphait, fût tiré de *Le Roi s'amuse*, tandis que l'autre, « qui avait bien assez de mal à apprendre son rôle », ne consentit pas à lire *Notre-Dame de Paris*, d'où était extrait l'opéra dans lequel elle allait jouer Esmeralda !

Ces sujets savent *quelquefois* filer un son. Il en est qui n'ignorent rien des effets faciles, qui respirent amplement, préparent la longue période, mènent au bout la phrase, et, par des oppositions exagérées et anti-musicales, par toutes les ficelles de métier, déchaînent les bravos ; ils connaissent les moyens de flatter le goût vulgaire d'un public ignorant. Mais songent-ils à l'interprétation ? Ont-ils le moindre souci du style et de l'expression ? S'efforcent-ils d'atteindre à la puissance par la simplicité, par l'émotion, par la vérité ? Ont-ils, un seul instant, l'idée d'accéder aux parties élevées de l'art ? Ne démontrent-ils pas, à chaque son, qu'ils prennent « la voix pour un but, non pour un moyen ». Ont-ils seulement songé à la compréhension exacte de leur personnage, à son caractère, à sa signification, à son rôle dans le Drame ? Et ce Drame lui-même, en possèdent-ils une connaissance suffisante ? Tentent-ils de pénétrer la pensée de l'auteur ? Ne les voit-on pas interpréter des ouvrages entiers, exactement comme s'ils y étaient étrangers ? S'appliquent-ils à l'apparence extérieure du personnage qu'ils incarnent ? Songent-ils à identifier à ce personnage les traits de leur visage, leur silhouette, leurs attitudes, leurs gestes, l'expression générale, le costume ?

Non, ils ne s'efforceront qu'à l'effet matériel de la voix.

❖ ❖ ❖

Le public et la critique déplorent l'infériorité des chanteurs étrangers comparativement aux chanteurs français, au point de vue scénique, et reprochent aux premiers de n'être que des virtuoses et non des artistes, de manquer, en général, d'expression juste et de mesure, de jouer comme de pitoyables comédiens, et, même dans le chant, d'être dépourvus de goût et de ne briller que par le seul effet de la sonorité.

Dans le pays des belles voix, ménage-t-on les ovations aux artistes français, même si leurs moyens vocaux sont limités, lorsqu'ils apportent dans leur interpétation les qualités que l'on ne peut s'empêcher d'admirer, bien qu'on les envie ?

C'est le miracle de la Déclamation Lyrique qui précise et complète si magnifiquement l'éducation du chanteur.

Ce beau monument, élevé sur les fondations du chant mécanique et qui fait la supériorité des artistes français, est l'une des gloires de notre Ecole.

Donc, le rapport est intime, qui lie le Chant à la Déclamation Lyrique. Ce dernier enseignement ne peut être confondu avec la mise en scène.

...Mais cette petite leçon n'est-elle pas superflue? Ne traite-t-elle pas, puérilement, de vérités que personne ne songe à contester? Elle va, sans doute, évoquer celles que formule avec une conviction si bouffonne l'illustre M. Jourdain.

II. — METTONS-NOUS AU TRAVAIL...

Combien de volumes faudrait-il écrire pour esquisser seulement quelques idées sur le Chant artistique !

Mais, peut-on, dans un livre, enseigner la déclamation lyrique? Non, pas plus que la littérature ; toutefois, le livre est d'un puissant secours : en ceci qu'il meuble la mémoire, fixe les principes généraux et commence l'initiation que la leçon développe et complète.

Il s'agit d'étudier le caractère d'un rôle ou seulement une partie d'un rôle. Prenons un exemple :

Dans le « songe » d'*Iphigénie en Tauride* — pour ne citer que l'un des airs classiques parmi les plus difficiles et les plus fertiles en enseignements — la voix, pour traduire le sentiment et l'expression des diverses phases, doit recourir à divers modes d'émission, car ce morceau exige de l'interprète une manifestation vocale très diverse et très étudiée, non seulement à cause des inflexions nécessaires, des expressions différentes et des nuances si variées, mais aussi à cause du récit même de ce songe, lequel est en dehors de l'expression générale du personnage.

Voici venir Iphigénie, la douce, la tendre, la « divine Iphigénie ». Dès son entrée, son attitude, ses gestes, sa physionomie, sa diction, la qualité et les inflexions de sa voix, tout doit concourir à nous la représenter.

Elle se lamente : elle a revu, en songe, le palais de son père, elle allait oublier « en ces doux moments » tant « d'anciennes rigueurs » et tomber dans les bras d'Agamemnon. Mais elle fait le récit de ce qui se passe ensuite. Et voici que la « terre tremble sous ses pas », que le « soleil indigné » fuit, que « la foudre en éclats tombe sur le palais, l'embrase et le dévore! » Et, au milieu des « débris fumants », se présente son père, « sanglant, percé de coups » et fuyant la « rage meurtrière » d'un « spectre inhumain » qui n'est autre que sa mère ! Et cette mère l'arme d'un glaive et disparaît. Comme elle va fuir, on lui crie : « Arrête ! » C'est Oreste ! Elle veut lui tendre la main... Un « ascendant funeste » force son bras « à lui percer le sein ».

Quelle scène épouvantable ! Comment la chanteuse ne sent-elle pas la nécessité de varier la voix, l'expression, l'attitude, tous les moyens d'interprétation, au récit de cet abominable cauchemar, pour redevenir ensuite la divine Iphigénie, implorant Diane par les accents d'une foi émue, d'une sérénité supérieure, dominant les orages de l'âme.

C'est à dessein que nous avons choisi ce

morceau comme exemple de travail. On en fait trop fréquemment l'objet d'une fausse interprétation. Sous prétexte, croyons-nous, de conserver au personnage son caractère de victime expiatoire, on débite, sans aucun relief, le récit du « songe », avec une préoccupation de l'uniformité qui, fatalement, amène la monotonie et la froideur.

Il y a là une erreur ; pour s'en convaincre, il suffirait, non pas même de pénétrer la pensée du compositeur, d'analyser les paroles et l'action, mais, tout simplement, de se laisser aller au mouvement et à l'émotion de la musique.

Les œuvres de Gluck se chantent comme on joue la tragédie : mouvements cadencés, rythmiques, attitudes imitées de l'antique, voix posée, articulation précise, simplicité, sobriété, émotion contenue, chant large et dans le style un peu pompeux de l'époque. Le geste harmonieux — et lent, puisqu'il est forcément rare, — et toujours plein de dignité, même dans l'emportement le plus passionné. Rien ne doit, à aucun moment de l'action, révéler la personnalité moderne.

Ce devrait être la grande préoccupation des jeunes artistes, leur étude quotidienne. Cette école rehausserait leur interprétation du répertoire, de tous les répertoires, et les préparerait aux ouvrages du répertoire actuel, dont quelques-uns abondent en effets faciles.

Les meilleurs comédiens du boulevard sont ceux qui ont travaillé Molière et Beaumarchais.

III. — L'ARTICULATION, C'EST LE DESSIN DE LA DICTION.

L'artiste, comédien ou chanteur, contracte à l'égard du public un devoir de politesse, et le premier acte de cette politesse est de permettre à ce public d'entendre ce qu'on lui dit.

« Une phrase de Samson, articulée comme il savait le faire, cela valait pour caractériser un personnage, un portrait au crayon de M. Ingres (1). » Il s'agit ici de l'art du comédien. Pour le chanteur, le premier bénéfice qu'il trouve à l'articulation, c'est qu'il *place,* du coup, sa voix, qu'il la *pose*. Il obtient ainsi ce qui est l'objet de ses premiers vœux.

Articuler, cela peut paraître une étude primaire. C'est tout simplement le *summum* de l'art. C'est la qualité que vous trouverez toujours et avant tout chez les grands artistes. Que dis-je ? Chez tous les artistes qui ont la faveur du public, qu'ils appartiennent à la Comédie-Française ou au café-concert.

(1) Coquelin.

Je ne connais pas telle vedette de music-hall. On me dit que la foule l'acclame et on ajoute qu'elle n'a cependant aucun talent. C'est possible. Mais je suis sûr qu'elle articule. Et c'est peut-être là sa seule qualité, celle qui suffit à la mener au succès et à la fortune.

Tous ceux qui s'adressent au public — et cette nécessité s'impose plus impérieusement au théâtre qu'ailleurs — doivent se préoccuper d'élargir la portée des mots, d'en rehausser la signification.

Dans un théâtre, il y a toujours au fond de la salle un vieil habitué, un peu sourd et myope. C'est pour lui qu'il faut jouer. Les jeux de physionomie et les gestes seront réglés avec une telle justesse et une telle expression que ce myope, un peu sourd, ne perdra rien des sentiments exprimés. L'articulation et l'émission de la voix permettront aux paroles d'arriver en grande partie à son oreille. Il pourra lire le reste sur les lèvres de l'artiste.

Mais il y a nécessairement dans une phrase un mot principal : il faut s'appliquer à le reconnaître, à le souligner, à le mettre en relief.

Car si nous prenons le chanteur qui articule le mieux du monde, que nous lui fassions interpréter le passage d'un opéra où l'orchestre couvrira le moins sa voix, devant l'auditeur le mieux appliqué que nous trouverons, il n'arrivera à l'oreille de cet auditeur qu'une partie des mots prononcés par l'artiste, et, s'il les comprend tous, c'est qu'il aura deviné le reste. Il aura reconstitué les phrases avec les mots qu'il aura pu saisir.

De ce résultat, il faudra féliciter l'interprète, car ce seront sûrement les mots principaux qu'il se sera particulièrement attaché à mettre en valeur, en accent et en couleur.

Régnier, qui fut un maître incomparable, disait ceci :

« Vous avez un secret à confier à un ami. Mais quelqu'un est là, dans la pièce voisine, qui peut vous entendre. Que faites-vous ? Vous vous placez en face de votre ami et, en ***éteignant*** le plus possible votre voix, vous chargez l'articulation de lui faire entendre vos paroles, en même temps que vos lèvres aideront à lui ***montrer*** les mots. Votre ami vous ***regardera*** parler, autant qu'il vous ***écoutera***. L'articulation aura rendu le son inutile (1). » Et le grand comédien, le fin lettré, l'homme de conscience et de bien qu'il était, le glorieux maître de Coquelin, de

(1) Rapporté par Legouvé : l'*Art de la lecture*.

Sarah Bernhardt, de Réjane et de tant d'autres artistes illustres, ajoutait, avec ce sourire bienveillant auquel ses disciples ne peuvent songer sans reconnaissance et sans attendrissement : « Voilà, mon enfant, le moyen de corriger tous les défauts d'une articulation incomplète. »

Saint-Germain, l'un des plus remarquables comédiens du siècle dernier, arrivait aux effets les plus tragiques malgré une laryngite chronique qui jetait un voile épais sur le timbre de sa voix, et des suites de laquelle, dit-on, il mourut. Il se plaisait à conter des anecdotes empruntées à l'inépuisable répertoire de la vie de théâtre et il choisissait, de préférence, celles qui avaient trait *à la voix*, lui qui en était tant dépourvu, ce qui ne manquait pas d'être instructif.

Dans ces amusants récits, il était souvent question de Machanette, un comédien connu par ses fanfaronnades, la bonne opinion qu'il avait de lui-même (ce n'est pourtant pas une particularité) et la vanité qu'il tirait d'une voix généreuse. A cause de cela, sans doute, Saint-Germain lui montrait une ironie particulière.

Machanette, après avoir débuté au Théâtre — Français dans l'emploi de Talma — il avait là une belle occasion de modifier son nom — était tombé, de chute en chute, à tenir des bouts de rôle sur des scènes du boulevard. A l'Ambigu, il joua, dans les *Deux Orphelines*, l'un des ivrognes qui, au premier acte, traversent le théâtre.

Après cette rapide apparition, il remontait dans le réduit qu'on lui avait donné pour s'habiller, au cinquième, près des figurants. Il y remontait d'un pas majestueux et lent, ainsi qu'il convient à celui qui a porté la pourpre de César, et laissait échapper à chaque marche, en l'accompagnant d'un geste tragique, une exclamation dont on abuse peut-être dans le monde des théâtres depuis qu'un général fameux l'a rendue historique... Arrivé sous les toits, il prenait devant sa glace une attitude des plus romantiques, et, se regardant de la tête aux pieds, il s'écriait : « Quelle g..... ! Voilà ce qu'ils ont fait de toi ! »

Et Saint-Germain nous contait la fumisterie dont le pauvre Machanette avait été l'objet, à l'époque de ses débuts à la Comédie-Française. Il prétendait avoir une voix d'une telle puissance qu'il lui était impossible de travailler dans son appartement, trop petit, dans la crainte d'y briser les vitres ! Un jour, il fut invité à déjeuner chez Brébant, en compagnie de quelques camarades. Au dessert, on le pria de dire les *Fureurs d'Oreste*. A peine avait-il commencé que les vitres volèrent en éclats. Les garçons accoururent. La foule s'ameuta sur le boulevard. Les camarades de Machanette, à un signal convenu, avaient jeté la vaisselle par la fenêtre !

Pauvre Machanette ! Ce fut une des nombreuses victimes du théâtre. On peut dire que le ridicule le tua — assez tard, du reste, car il est mort à l'âge de soixante-douze ans.

Au temps de sa jeunesse, Saint-Germain avait joué avec lui, en province ou dans la banlieue de Paris, les *Quatre Sergents de la Rochelle*, ou tel autre vieux mélodrame. Il y avait, au deuxième acte, un complot entre quatre personnages — les quatre sergents, sans doute — et Machanette avait tellement haussé le ton que tous criaient à tue-tête.

Saint-Germain attendait sa réplique dans la coulisse où il se désolait à l'idée de se faire entendre après ces vociférations. Enfin, n'y tenant plus, il entre essoufflé, sans force et, d'une voix éteinte : « Mes amis, nous sommes perdus. Vous avez parlé tellement fort qu'on vous a entendus de la place d'armes. Tout est découvert ! »

Les conspirateurs, ahuris de cette arrivée inattendue, se demandaient, atterrés, comment on allait pouvoir continuer la pièce, qui se trouvait terminée au deuxième acte, puisque tout était découvert et qu'il ne leur restait plus qu'à mourir, lorsque Saint-Germain ajouta : « Eh bien! non! Rassurez-vous! J'ai voulu vous éprouver. Mais, je vous en conjure, pour notre sécurité à tous, à l'avenir, ne criez pas si fort! » Et il sortit prestement.

Une phrase criée n'arrive pas à l'oreille avec la même netteté qu'une phrase clairement articulée.

La consonne est le point de départ de l'articulation. Elle est le coup de marteau qui *pose* la voyelle et le coup de pinceau qui lui donne *sa couleur*.

Pourquoi les chanteurs ne tiennent-ils pas pour essentiel de bien articuler? Neuf fois sur dix, c'est parce qu'ils s'imaginent que l'articulation nette déplacerait leur voix. Quelle erreur! C'est le contraire qui se produit. C'est pour la même mauvaise raison qu'ils s'abstiennent autant que possible de prononcer les consonnes.

Ils ne comprennent pas que prononcer les consonnes, c'est donner à chaque syllabe une spontanéité, une force, une signification qui lui sont nécessaires.

Dire que celui qui articule bien pourrait se

passer de voix n'est pas absolument un paradoxe.

La forme de la bouche la plus favorable à l'articulation d'une voyelle sera, à coup sûr, la plus favorable aussi à l'*émission* de cette voyelle, Au reste, quand une syllabe est très articulée elle porte sans qu'il soit nécessaire de l'amplifier par un appui de phonation.

Beaucoup de chanteurs ne font porter qu'un certain nombre de syllabes ; ils se complaisent à celles qu'ils croient favorables à une belle sonorité : ce sont ceux qui ont l'insupportable habitude d'appuyer et de s'étaler sur des *e* muets terminant les mots. Par ce procédé fâcheux, l'équilibre dans la prononciation est rompu : des voyelles portent trop, d'autres restent sourdes ; aucune n'a sa valeur réelle, et l'auditeur est obligé de remettre tout en place ou de se résigner à ne pas comprendre.

On entend aussi des voix qui ne portent que dans les récitatifs parce que, là, il y a nécessité d'articuler, de « mettre en avant ». Cela vient à l'appui de ce que nous disons plus haut : articuler, ce n'est pas déplacer la voix, c'est la placer.

De grands artistes, des maîtres, ont attaché, comme nous, une importance capitale à l'articulation ; nous avons peine à croire qu'un professeur, digne d'enseigner, relègue cette qualité au second plan.

Le chanteur en a plus besoin encore que le comédien, puisque les paroles qu'il émet doivent être entendues malgré la musique et en même temps qu'elle.

IV. — LA MALADIE DE NOTRE ÉPOQUE EST LE DÉDAIN DE LA MESURE.

« Le rythme est la subdivision métrique de la mesure ».

On ne pourra nier que la première qualité chez un artiste soit, après la justesse, celle de chanter en mesure.

Le premier défaut, chez les chanteurs ordinaires, c'est le manque de rythme. Cela reviendrait à dire qu'il est indispensable, pour chanter convenablement, d'être musicien (ce qui est indéniable), si l'on était sûr que tous les musiciens chantassent avec rythme (ce qui ne serait pas exact). Peut-on soutenir, de nos jours encore, qu'il est inutile à un chanteur d'être musicien? On cite, à l'appui de cette théorie : Rubini, Lablache, Ronconi. Il est possible que ces virtuoses, qui ont laissé un si grand nom dans l'histoire du théâtre lyrique, n'aient eu sur la technique que des idées vagues. En tout cas, s'ils ont mérité leur gloire, c'est qu'ils étaient doués d'une organisation exceptionnelle, d'une sensibilité naturelle, d'un sentiment inné de la musique. C'est même cela qu'il faudrait entendre par « être musicien ».

Et c'est cette disposition qu'il s'agit d'extérioriser, d'amplifier chez un jeune artiste, d'éveiller même, si elle sommeille en lui.

Gounod disait : « Aller en mesure, c'est presque du génie », et il ajoutait : « La maladie de notre époque est le dédain de la mesure (1). » Wagner a dit : « Faites seulement ce que j'ai prescrit, et ce sera parfait. »

Il semble à certains chanteurs que, emprisonnés dans la durée des temps qui composent une mesure, ils n'ont plus aucune liberté d'expression et qu'ils doivent atténuer le charme ou l'éclat de la phrase musicale.

Tout au contraire, le rythme, seul, permet de sentir la mesure et de conserver l'équilibre de la phrase.

La mesure est un principe d'ordre au point de vue de la pondération purement numérique de la phrase musicale ; c'est un principe aussi au point de vue de l'expression.

(1) Elle est de tous les temps. Quand Sophie Arnould chantait, au XVIIIe siècle, les opéras de Rameau, les « batteurs de mesure » lui reprochaient de « ne pas aller *de mesure* », suivant l'expression de l'époque.

« La notion de la ***mesure,*** a écrit Gounod, « contient celle du rythme qui en est la ***subdivision caractéristique et prosodique.*** C'est donc porter atteinte au rythme et à la prosodie que de se soustraire à l'empire de la mesure et à son influence régulatrice. Cela suffit à donner l'idée du préjudice que le dédain ou l'inintelligence de la ***mesure*** sont capables de porter aux œuvres musicales. »

V. — TOUTE L'AME PEUT PASSER DANS LA VOIX.

L'expression juste est le privilège des véritables artistes. C'est, au théâtre, la qualité primordiale, celle qui est le plus appréciée du public, de tous les publics.

C'est l'art de faire éprouver par l'auditeur l'émotion extériorisée par l'interprète.

Cet art, qui semble n'appartenir qu'au domaine de la sensibilité, résulte, dans le ***chant proprement dit,*** de deux moyens : l'un, matériel, est obtenu par le travail mécanique de la voix ; l'autre, difficilement réalisable sans le premier, est subordonné au tempérament de l'interprète.

L'***Idée artistique*** ne peut être réalisée que par un chanteur maître du mécanisme de sa voix.

Mais n'oublions pas que le chant théâtral se

réduit à trois *effets* principaux. Il faut offrir à celui qui prédomine le sacrifice des deux autres :

1° L'effet de la phrase musicale : lui faire les plus grandes concessions ;

2° L'effet de la parole : avant tout, mettre en valeur cette parole.

3° L'effet de la voix : faire tout pour la rendre belle.

Donc, lorsque l'expression domine, il faut, au besoin, lui tout sacrifier. Etre expressif : la voix passera au second plan. « Jouer la situation », comme on dit. Mais pour discerner où se trouve réellement l' « effet », il faut avoir le goût d'un véritable artiste.

❖ ❖ ❖

Doit-on ressentir ce qu'on veut faire éprouver au public ? Est-il possible de produire l'émotion sans l'éprouver soi-même. Diderot, dans le *Paradoxe sur le comédien*, présente à notre jugement ces différentes appréciations.

Pour quelques-uns, l'art consiste à ressentir, *en travaillant*, une émotion que l'on *exploite* ensuite, devant le public.

Exprimer, c'est ressentir. Mais c'est *imaginer* aussi. C'est l'identification intérieure — par une sensibilité et une imagination secrètes — avec un sentiment, avec les sentiments d'un personnage. L'acteur *crée en lui* un état ; il se *compose* une âme. Ce résultat obtenu, il extériorise ses sensations devant le public. A ce moment-là, il s'efforce de *convaincre* celui-ci ; mais il n'atteindra la vérité d'expression que s'il arrive à se convaincre momentanément et artificiellement soi-même, en puisant son émotion dans le foyer intérieur qu'il s'est préparé à l'avance. Et c'est alors, au moment où le public est présent, qu'il doit mesurer son extériorisation.

Il serait donc juste de dire que l'émotion de l'acteur est très spéciale, qu'elle appartient au domaine de l'*auto-suggestion* et ne doit pas dépasser les limites de la volonté cérébrale. « Livrer son cœur, garder sa tête » : telle est la loi.

Il est certain que l'héroïne d'un drame, au moment où elle va recevoir le coup mortel, se préoccupe d'arranger la traîne de sa robe, de s'approcher du fauteuil dans lequel elle va s'abattre, de préparer, enfin, sa propre mort. Voilà bien l'indice qu'elle a « toute sa tête »! Ce qui n'empêche pas Sarah Bernhardt, dans ces moments-là, de pleurer de *vraies larmes*.

Question de mesure, de goût, de sensibilité.

Les artistes ont des organisations spéciales. Chacun d'eux extériorise la sensibilité qui lui est propre.

Certains acteurs, Mme Dorval, entre autres, qui *vivait* intensivement ses rôles, la Malibran, dans le monde des chanteurs, prodiguaient le sentiment qui montait de leur cœur à leurs lèvres; mais d'autres artistes avaient *appris* l'art de l'expression, en possédaient l'intelligence, innée ou acquise, et arrivaient à de semblables résultats.

On peut donc apprendre l'expression? Oui, avec beaucoup d'intelligence, d'ingéniosité et de travail. On peut travailler en étudiant des modèles. L'admiration conduit à l'imitation, et l'imitation est un moyen de s'assimiler les qualités d'autrui.

On ne sait pas assez le parti qu'on peut tirer d'un morceau en en « poussant » l'exécution, en la refaisant, en la perfectionnant, en ajoutant le coloris à l'énergie, en donnant à chaque objet une forte lumière, en exprimant chaque pensée comme une image ; et tout cela, avec des moyens simples : car le naturel et la simplicité sont la vraie force. Comme il est des femmes à qui il sied de n'être point parées, la simplicité nous plaît même sans ornements. Cicéron, je crois, a dit : « Il est un *art* de paraître *sans art.* »

Mais il y a le don naturel puisque, si nous en croyons l'Ecriture, l'Esprit souffle où il veut.

Un jour, Got scandalisa l'enseignement officiel, en apostrophant ainsi ses élèves du Conservatoire :

« Vous n'éprouvez rien! Vous n'êtes pas des artistes. Vous n'avez pas d'émotion. En sortant d'ici, allez donc en face, à l'Alcazar. Thérésa y chante. Regardez-la, écoutez-la, vous verrez alors ce que c'est qu'une grande artiste! »

L'apostrophe était, pour cette époque lointaine, un peu osée.

Mais Got avait raison : le public qui regardait et écoutait Thérèsa se sentait empoigné — c'est le mot — par une émotion contre laquelle il eût en vain voulu se raidir : la voix se faisait douloureuse, caressante, acquérant un timbre qui retentissait jusqu'au cœur. C'était l'amour, la souffrance, le regret, quelque chose de communicatif qui s'échappait avec des raucités souvent voulues ; et des hommes de théâtre, très avertis, très cuirassés contre l'émotion, cueillaient du bout du doigt une larme au bord de leur paupière. Le modèle valait d'être étudié.

Les gens de la génération précédente — bien rares aujourd'hui — n'ont pas oublié comment une autre chanteuse populaire, Mme Bordas, disait :

C'est la canaille,
Eh bien !... J'en suis !

Qu'on le voulût ou non, il paraît que, à ce moment-là, on en était!

Il y avait aussi, à la même époque, Darcier qui subjuguait les foules par la force de sa diction et par une simplicité, affirme-t-on, fort émouvante.

Ce qui communique l'émotion, c'est donc bien l'expression.

A un jeune homme qui, devant lui, venait de lire *Aymerillot* de la façon la plus admirable, Victor Hugo fit cette remarque : — « C'est fort bien ; mais il me semble que les vers de *la Légende* peuvent être simplement *lus* comme ceux d'Homère ».

Le grand poète pouvait se permettre cette orgueilleuse saillie ; on était chez lui comme au cénacle, guettant le regard du Maître et buvant ses paroles. Toutefois, chacun gardait son opinion : les beaux vers d'*Aymerillot*, dits avec une expression sobre et imposante, acquéraient un relief nouveau et superbe, sinon indispensable. La lecture silencieuse, par les yeux, forçait l'admiration, sans émouvoir, à beaucoup près, autant que la diction expressive.

Voilà pourquoi Lamartine formulait une grande vérité en disant :

Toute l'âme peut passer dans la voix.

VI. — L'APPARENCE EXTÉRIEURE DOIT ÊTRE CONFORME AUX MOUVEMENTS DE L'AME.

Le geste doit être sobre. Dans une œuvre lyrique, il est forcément plus proche de la convention que de la vérité. Se pénétrer du caractère de son personnage, de ce que l'âge de celui-ci permet ou commande, de la situation dans laquelle il se trouve par rapport à l'action, s'inspirer des coutumes de l'époque choisie, par conséquent, du costume qui marquera la convenance de tel mouvement, de telle attitude.

La foule, on le sait, n'apprécie pas toujours la différence qui existe entre le geste juste et l'attitude fausse ; elle n'est pas toujours accessible à la sensation de l'art plastique vrai. On voit beaucoup de chanteurs, surtout beaucoup de chanteuses, forcer le succès au moyen d'une mimique exagérée, ou par une insupportable afféterie, et l'on est tenté de se demander si l'harmonieuse élégance du geste simple et vrai éveillerait dans le public un sentiment d'admiration. Ainsi arrive-t-il qu'une foule ignorante admire franchement et attribue à quelque maître un vulgaire chromo rutilant de nuances séduisantes, un trompe-l'œil éclatant.

Toutefois, persuadons-nous que le geste juste a sur les foules une puissance qui les soumet.

Nous avons pu constater que ces admirateurs de vulgarités ne manquent pas de s'arrêter, émus et comme stupéfaits, devant une œuvre maîtresse dans laquelle leur apparaît la noble beauté de l'art vrai.

On s'étonne que tous ceux qui se destinent à paraître en public n'aient guère songé, jusqu'ici, à puiser dans l'étude de la Rythmique la souplesse et le juste équilibre du corps, l'élégance de la marche et des gestes, le sentiment de l'attitude harmonieuse et vraie, et nous ajouterons : le véritable rythme musical qui ne saurait être perçu ni acquis sans l'intervention de tout le corps.

M. Jaques-Dalcroze nous dit que les études rythmiques éduquent, en même temps que le muscle, la volonté et le système nerveux.

Platon, je crois, disait déjà : « C'est par le corps que l'eurythmie pénètre dans l'âme. »

Cependant, l'on compterait aisément le nombre d'artistes de théâtre qui ont compris les richesses de cet art.

Les grands orateurs qui se sont adressés directement au peuple ne lui ont parlé que dans un langage ordinaire, afin de rester à la portée de tous ; mais ils ont relevé par la noblesse du geste la simplicité voulue de l'éloquence.

Dans les réunions publiques, quelques-uns poussent si loin la témérité de la parole, qu'ils ne sortiraient pas vivants s'ils ne disposaient d'aucun autre moyen d'éloquence ; c'est ainsi que Gambetta n'aurait jamais achevé la fameuse apostrophe : « Esclaves ivres, j'irai vous chercher jusque dans vos repaires! » si la suprême beauté de son geste et la fermeté de son attitude ne lui eussent permis d'imposer impunément à la foule une telle injure.

Le geste peut subjuguer et entraîner ; étant l'*action*, il doit agir : si le public n'en est pas troublé, l'orateur, ou le comédien, ressemble, selon l'expression de Démosthène, à un homme ivre devant une assemblée à jeun.

L'acteur se donne, se prodigue quelquefois ; c'est ainsi que Mme Dorval, dont le jeu pathétique et vibrant galvanisait toute une salle, disait, au sortir d'une représentation qui lui avait valu un triomphe : « Ah ! ils peuvent bien m'applaudir, c'est ma vie que je leur donne ! »

Il convient de diriger l'éducation du comédien et du chanteur dans cette voie ; et, pour ce qui est spécialement du chanteur, cette éducation doit porter sur la mentalité du sujet autant que sur le mécanisme du virtuose.

L'école nouvelle veut, pour que l'interprétation soit complète, voir agir des personnages autant qu'entendre des voix.

Il y a là une étude fertile pour qui ambitionne d'exceller dans son art. N'oublions pas que les comédiens dont le nom reste impérissable ne se sont jamais cru arrivés à la perfection. Ils ont, avec un soin jaloux, travaillé le côté plastique, sculptural, de leurs rôles.

Rachel, la grande Rachel, passait des heures entières au Louvre devant une statue grecque ou devant un marbre romain ; elle cherchait dans ces modèles, immobiles cependant, l'art de se draper et les mouvements qui devaient résulter de cet ensemble du corps et du costume. Elle apprit ainsi à se poser. Il semblait qu'elle eût toujours familièrement porté le peplum, chaussé le cothurne et que les statues lui eussent appris à marcher! — oui, à marcher — lui livrant ainsi le secret de vie que les maîtres du ciseau avaient enfermé dans ces marbres magnifiques. Elle était elle-même une statue animée, dont ceux qui l'ont vue jouer n'oublièrent jamais la tragique et séduisante vision.

Frédéric Lemaître, vieux, usé, presque aphone, poussa le talent de se grimer, la beauté du geste et l'expression de la physionomie jusqu'au point de soulever d'admiration tout un monde de spectateurs qui n'entendaient que vaguement sa voix définitivement enrouée.

Mélingue, le Mélingue adoré du public des anciens boulevards, se grimait avec un art infini, une variété qui réalisait son personnage quel qu'il fût. Mounet-Sully, Sarah Bernhardt, riches déjà de moyens exceptionnels, ont toujours apporté un soin extrême à chercher le geste juste, l'expression parfaite du visage, la beauté du costume. Le *tout* de leur talent génial se compose de ces détails que, seuls, les médiocres négligent ou dédaignent.

VII. — TOUT CE QUI FAIT QU'ON « EXISTE »...

Je me suis toujours étonné de cette anomalie : tandis que l'étude des différentes sciences a été coordonnée dans les grandes universités, on n'a jamais songé — du moins n'a-t-on jamais rien fait dans cet ordre d'idées — à réunir, ni même à rapprocher les différentes écoles d'art.

Ne pense-t-on pas qu'un simple groupement amènerait une plus grande perfection?

Dans une institution où seraient réunis tous les arts, l'élève trouverait, en même temps que la technique propre à ses études, une culture intellectuelle beaucoup plus large, une plus grande corrélation dans l'esthétique, et, avec un stimulant des dons naturels, la comparaison, ou, mieux, le rapport des arts entre eux. Plus qu'ailleurs, il pourrait développer les facultés fondamentales de tout artiste : sensibilité, compréhension, amour du Beau et du Vrai, horreur du convenu, mépris de la majorité imbécile, dédain de la médisance, courage, persévérance, foi.

Sa culture générale doit se composer de tout ce qui peut lui faire connaître, pressentir la Beauté dans *tous* les arts, former son esprit et son cœur, lui donner la connaissance des belles œuvres, des beaux monuments, des beaux pays. Il complèterait cette formule par la lecture approfondie des ouvrages d'artistes et de poètes, de philosophes et d'historiens, en un mot, par tout ce qui donne la réflexion, la Pensée. Il arriverait alors à cet état d'âme spécial qui consiste à ramener toutes belles choses à son art, à reconnaître la grandeur, la simplicité là où elles se trouvent réellement, à dégager la poésie là où d'autres passent indifférents... tout ce qui fait, enfin, que l'on vit vraiment au lieu de banalement exister...

C'est précisément ce défaut de culture générale qu'on peut le plus reprocher à certains de nos artistes modernes.

Que de peintres, de sculpteurs « font bien le morceau »! Que de comédiens débitent habilement le couplet! Que de chanteurs exécutent finement la phrase musicale! Chez la plupart manque l'élément principal : la Pensée et ce qui en dérive, sans doute, ce qui tient lieu de tout : l'Emotion.

Cette Université pourrait être une admirable institution. On y réunirait les différentes écoles — on rendrait obligatoires pour chacune certains cours des autres — on instituerait une classe d'esthétique commune à tous les arts. Il y aurait la fréquentation générale de ces futurs artistes — l'exemple (combien favorable aux chanteurs, l'exemple du travail) — les conversations, les échanges d'impressions et d'idées : l'*ambiance*, l'*atmosphère*. On n'y admettrait qu'une élite et on ne l'encombrerait pas de nullités...

Mais à quoi bon s'abuser?... De telles réalisations sont impossibles. Quelle voix serait assez puissante pour se faire entendre des pires sourds?... Ce n'est, ici, que rêverie d'un modeste joueur de flûte...

LA MISE EN SCÈNE

La mise en scène est très à la mode aujourd'hui. Elle peut s'entendre de deux façons : elle est l'art du décor, de l'éclairage, de l'harmonie du cadre dans lequel se déroule l'action ; elle est aussi l'art de grouper les personnages, de les faire évoluer, de les faire *vivre*.

La première de ces divisions est parfois l'objet de réflexions plutôt chagrines ! Il s'y rencontre un danger : le luxe effréné et dispendieux nécessité, depuis quelques années, par les représentations théâtrales.

Cet art exige du goût, de l'érudition et beaucoup d'argent. Tel qu'il a été compris jusqu'ici, il présente d'autres périls : celui de *déformer* certains ouvrages écrits à une époque et d'après une conception qui s'accommodent mal de remaniements intempestifs ; de détourner l'attention du public, par un détail ingénieux ou criard de mise en scène, au préjudice de l'œuvre même ; en un mot, de distraire et d'amuser l'œil, alors que l'auditeur devrait être attentif à la seule beauté de l'art vrai qui peut se révéler à lui.

N'a-t-on pas reproché récemment à la mise en scène actuelle de *noyer* sous elle des œuvres de valeur et de *sauver* de la chute des productions médiocres ?

Consignons ici l'intéressante et judicieuse observation de M. Paul Ginisty relativement aux nouvelles manières de régler la mise en scène :

« Devant la somptuosité des décors, des costumes, des meubles, des accessoires, devant ces ors et ces lumières dus seulement aux décorateurs, aux électriciens, aux costumiers, il n'est pas rare d'entendre dire : « Quelle belle mise en scène! » Qu'un régisseur donne à un camarade une intonation juste ou à effet, on s'écrie facilement : « Quel excellent metteur en scène! » On commet là des erreurs : car ce professorat et ces richesses n'ont aucun rapport avec la mise en scène ».

Notre mise en scène à nous, celle qui ne s'en tient qu'aux personnages, « ce professorat, ces richesses », notre mise en scène, comme le théâtre et la musique, a évolué. Plus on y a cherché la simplicité, plus on l'a rendue compliquée. Plus on a voulu s'éloigner des conventions et aller vers la logique, plus on a rencontré de difficultés.

C'est que nous sommes loin des opéras où les personnages se plaçaient en « rang d'oignons » pour chanter chacun sa partie dans l'ensemble, les chœurs étant bien alignés de chaque côté.

Nous rions depuis longtemps de ces masses qui crient à tue-tête : « Marchons! Marchons! » sans jamais remuer. Nous connaissons tous cet opéra où les chœurs, immobiles devant le cadavre d'un des principaux personnages, s'écrient : « Vite, accourons, il faut le secourir! »

Et nous avons pu entendre, dans un autre ouvrage, un quatrième acte fameux, où les conjurés se disent mystérieusement : « Retirons-nous sans bruit » et profitent de ce moment pour revenir en scène et attaquer plus fort que jamais, avec l'accompagnement formidable d'un orchestre déchaîné, le célèbre ensemble : « Pour cette cause sainte! »

Mais tout cela n'est rien, si nous le comparons à ce qui se passe dans les compagnies italiennes. Un ami m'a conté ceci :

« Au Covent-Garden de Londres (Royal Italian Opera), je jouais pour la première fois, en italien, *Le Barbier de Séville*. Dans ce théâtre, on ne consacrait aux ouvrages du répertoire qu'une répétition. La cantatrice — célèbre parmi les célèbres — qui tenait le rôle de Rosine n'avait pas l'habitude de répéter. Elle déléguait son mari! Celui-ci répétait pour elle. Il prenait une chaise, s'installait devant le trou du souffleur, laissait jouer l'orchestre et réglait les points d'orgue. Arrivé à l'un des passages importants de mon rôle, je ne pus m'empêcher d'esquisser quelques mouvements de scène, m'imaginant Rosine tantôt à droite, tantôt à gauche. Pendant ce temps-là, le mari qui n'avait pas quitté sa chaise et qui me gênait beaucoup, me toisait dédaigneusement. A la fin, je m'approchai de lui et lui demandai timidement : « J'ignore la mise en scène italienne. Pouvez-vous me dire par où sortira... madame? » Et le mari de répondre : « La loge de ma femme est à gauche. Elle entre et elle sort toujours par la gauche afin d'être plus tôt rendue et ne pas s'essouffler ». Mais, le soir de la représentation, lorsque je me trouvai en présence de Rosine elle-même, je me hasardai à me renseigner plus exactement : « Veuillez me dire seulement où vous vous tiendrez pendant notre grande scène du deuxième acte ». Et, de sa voix d'or, la cantatrice — célèbre parmi les plus célèbres — me susurra : « Où je me tiendrai? Oh! moi, cher Monsieur, je me tiens toujours où il n'y a pas de courants d'air! »

Il ne faut pas croire que le souci de la mise en scène soit une préoccupation essentiellement moderne. Sous un ciel rayonnant, dans un air lumineux, la scène grecque, infiniment moins limitée que la nôtre, se prêtait au déploiement de pompes magnifiques.

Là, se représentaient les œuvres d'Eschyle. Dans *Prométhée*, le chœur des Océanides était porté sur un char volant, tandis qu'Océan, leur père, montait un dragon ailé. Les tragédiens antiques mettaient en œuvre tous les moyens, comme de nos jours. La tragédie correspondait, du reste, à l'opéra actuel : la musique et la poésie, la danse et les ensembles de chœurs, et la décoration, machinée déjà, et le rideau qui se *levait* pour terminer l'action et se *baissait* lorsqu'elle allait commencer.

Dans l'empire romain, avec la décadence de la poésie, la mise en scène se développa encore. Horace (1) nous en dépeint les magnificences : en déplorant (déjà!) que l'intérêt du théâtre fût pour les yeux plus que pour l'esprit, il nous raconte dans le détail les entrées de bataillons et d'escadrons, les cortèges de rois enchaînés, les exhibitions de girafes, d'éléphants et, même, de vaisseaux.

La richesse de notre mise en scène, en toile peinte, en carton colorié, ne peut être comparée à la magnificence des Romains.

(1) *Epîtres*, I, II.

« L'édile Scaurus, nous dit Pline l'Ancien (1), fit bâtir, pour le peuple, un théâtre à trois étages soutenu par trois cent soixante colonnes. L'étage inférieur était tout entier en marbre ; celui du milieu et celui du haut en bois doré. Le tout orné de trois mille statues de bronze, de tableaux, de tapisseries, de tentures magnifiques. Les costumes et les décors étaient en toile d'or. »

Un autre patricien, Caius Curion, l'égalant en magnificence, le dépassa par l'ingéniosité de son plan : deux théâtres, construits côte à côte, pivotaient sur eux-mêmes, après le spectacle tragique, sans que le public bougeât, et le tout formait un immense amphithéâtre où se donnaient des combats de gladiateurs.

Plus près de nous, le cardinal de Richelieu fit de véritables prodigalités, pour la mise en scène de *Mirame*, en 1641, sur le théâtre construit, à cette occasion, dans une aile de son palais. Persée montait, dans *Andromède*, un véritable cheval qui représentait Pégase et agitait des ailes.

Evidemment, ces réalisations étaient somptueuses, mais superficielles.

Les gens de qualité étaient, alors, admis sur le théâtre ; et, au milieu des seigneurs qui les entouraient, évoluaient les acteurs.

(1) *Histoire naturelle*, L. XXXVI, ch. XV.

Le Théâtre-Français était éclairé à la chandelle.

En 1783, la rampe brûla 128 bougies de cire.

A l'Opéra, l'éclairage était fourni par des lampions à mèches appelés ***biscuits*** qui brûlaient de l'huile de pied-de-bœuf. Il fallait, pour n'y pas succomber, que la gorge des chanteurs fût vraiment réfractaire à la toux.

Beaumarchais fut le précurseur du théâtre moderne. L'édition du ***Mariage de Figaro,*** de 1785, porte des précisions sur les costumes, sur les places que doivent occuper les comédiens, le caractère des personnages, etc. Molière avait donné certaines indications de même nature ***(Le Médecin malgré lui).***

Allons au plus bref. La réforme du costume, si heureusement tentée par Lekain, secondé par Voltaire, et définitivement accomplie par Talma, amena un revirement : la recherche de la vérité théâtrale. Plus de contre-sens, plus d'anachronismes — et nous arrivons alors à une certaine exactitude de décors et de costumes, aux effets de lumières, aux applications des progrès scientifiques de notre époque, dont Irving, le célèbre acteur anglais, fut l'un des premiers réalisateurs.

Wagner réglait lui-même, avec passion, ce qui tenait non seulement à l'interprétation de ses œuvres, mais aux décors, aux changements à vue. Il est juste d'ajouter que Wagner, grand poète et formidable musicien, était un bien pauvre metteur en scène. On s'étonne de l'esprit traditionnel d'un tel réformateur et du mauvais goût, de la lourdeur, de la puérilité dont il faisait preuve dans certaines réalisations scéniques.

Son Fafner, par exemple, est parfaitement ridicule.

❖ ❖ ❖

Au congrès de l'Exposition Théâtrale, Porel, après avoir défini avec enthousiasme l'art de la mise en scène, terminait en disant :

« Ecouter les avis des gens intéressés, les peser dans son esprit, les suivre ou les écarter selon son libre jugement. Enfin, avec un battement de cœur, ouvrir la main, donner le signal, laisser l'œuvre paraître devant tant de gens assemblés! C'est un métier admirable, n'est-ce pas? un des plus curieux, un des plus attachants, un des plus délicats du monde. »

Porel écrivait cela en 1900.

Plus que jamais, aujourd'hui, cet art passionne les artistes, la critique et le public — et, plus que jamais, il est l'objet de controverses!

— « La mise en scène est inutile, elle est nuisible. »

— « La mise en scène est précieuse, elle est indispensable. »

— « La mise en scène rudimentaire des tragédies de Corneille et des comédies de Molière amoindrit-elle la psychologie de ces ouvrages classiques ? La rendre plus brillante et plus riche, cela ne risque-t-il pas de diminuer l'intérêt dû aux personnages ? L'absence de décors nuisait-elle aux œuvres de Shakespeare ? Ce n'est pas par la mise en scène qu'on augmentera la valeur réelle d'une œuvre dramatique. Ce n'est pas par du trompe-l'œil qu'on ajoutera à une émotion esthétique. On risque plutôt d'en disperser l'impression idéale. Aux plaisirs de l'esprit, on mêle le plaisir des sens, et l'auditoire s'attache à ce qui s'impose avec le plus d'éclat. On éloigne les délicats de l'art véritable. On flatte les instincts vulgaires du public sur lequel agit trop souvent l'art superficiel. On amuse les spectateurs avec des décors, des costumes, de la figuration. On les abuse. Si la mise en scène masque, parfois, la médiocrité d'un ouvrage, son excès peut nuire à une œuvre véritable. Elle abaisse le goût du public et arrive, par ses exagérations, à être contraire aux progrès de l'art moderne. »

— « La mise en scène est une force mise au service de l'œuvre. Elle complète l'illusion, dispense l'harmonie et crée une atmosphère. Le décor ne disperse pas notre attention, il l'enferme, au contraire. Il forme un tout avec l'action. Mais je ne parle pas des décors tels qu'on les a conçus jusqu'ici. Lorsqu'on aura renoncé aux traditions surannées et qu'on arrivera à une évolution complète, à une compréhension nouvelle et que la routine, inséparable du mauvais vouloir, de l'ignorance, du dédain de s'instruire, aura fait place à des idées modernes, celles-ci seront acceptées avec enthousiasme par le public. Mais c'est tout un bouleversement! »

De ces discussions journalières, il résulte que la mise en scène piétine sur place et tente vainement d'évoluer, que cette évolution appellera la révolution, et que nous attendons celui qui attachera son nom à cet événement.

Notre théâtre souffre de multiples maux : son industrialisation, des combinaisons entre auteurs et directeurs, entre directeurs et étoiles ; la critique souvent remplacée par des communiqués extravagants ; le défaut de troupes sédentaires où l'on trouvait un ensemble — cet ensemble qui fait la force du Théâtre Français ; —

la même pièce que, depuis trente ans, on nous donne selon une formule toujours identique et qui ne varie que par le nom des personnages et le lieu de l'action ; la collaboration de vagues sous-ordre ignorants ; la C. G. T. ; les grèves ; la vie chère ; les appointements d'un choriste ou d'un musicien triplés ou quadruplés et atteignant à peine ceux d'un machiniste ; les frais énormes nécessités par la somptuosité des décors qu'a rendus indispensables la mode d'une mise en scène outrancière — et mal comprise : tout cela constitue les difficultés matérielles du théâtre.

Pendant ce temps-là, les salles de cinéma et de music-hall font le maximum — et les petits théâtres sans frais (trois actes dans un même décor, huit acteurs dont sept peu payés) gagnent beaucoup d'argent.

Nos salles de spectacle ne répondent plus à nos besoins. Outre qu'elles sont extrêmement défectueuses aux points de vue optique et acoustique — questions dont les architectes semblent n'être nullement préoccupés — outre que le spectateur n'y trouve aucun confort — il est impossible d'y réaliser une mise en scène digne de notre époque.

Aucune installation pour les éclairages.

On porte encore les décors à bras!

Que dire de théâtres où l'on maintient une rampe continue ?

Il y a quelques années, on voyait des loges sur la scène de l'Opéra ! Il faut convenir, du reste, que la construction de ce beau monument a été suggérée par la tradition des scènes italiennes et qu'il fut, jusqu'ici, aussi peu que possible approprié aux besoins du théâtre actuel. C'est au milieu de ces difficultés et de bien d'autres, que M. Jacques Rouché a inauguré sa véritable direction, après les événements qui avaient fait de ces dernières années des années d'attente. Il a commencé la transformation de la machinerie et assuré de belles réalisations. Elles lui ont valu les plus flatteuses approbations et témoignent de sa science de la technique théâtrale et de la passion qu'il apporte à la rénover.

Quant à l'Opéra-Comique, de construction récente, l'aménagement de la scène — comme, du reste, celui de la salle — est un véritable défi au bon sens. On ne saurait trop y admirer les petites merveilles accomplies par M. Albert Carré.

Mais ce qui est plus grave encore, c'est le poids de la routine qui pèse sur nos épaules.

En même temps que la transformation de nos théâtres actuels ou la construction de nouveaux théâtres et l'aménagement le plus complet de nos scènes, s'imposent l'instruction des machinistes et électriciens, une entente parfaite entre auteurs, régisseurs, décorateurs, costumiers et accessoiristes, l'étude d'une mise en scène en harmonie avec les ouvrages, l'initiation des acteurs et leur obéissance, la découverte de metteurs en scène capables de diriger tout cela et, ayant pénétré le sens littéraire d'une œuvre et approfondi sa signification musicale, d'en obtenir une réalisation qui traduise la pensée des auteurs.

❖❖ ❖

Tel un acteur qui, à la lecture de son rôle, puise spontanément dans son propre foyer, use de ses richesses d'observation, fait appel à sa faculté d'imiter, d'imaginer, de créer, et pénètre, du premier coup, le caractère de son personnage, le compose, le voit, le joue déjà, et, souvent, au cours des répétitions, n'a plus rien à y changer — tel le metteur en scène, grâce aux mêmes facultés d'imitation, d'imagination, de création, voit, dès le premier contact avec l'œuvre, le décor, les décors, les oppositions de décors, les costumes, les lumières, les couleurs et les personnages. Des mouvements de scène frappent son esprit, des groupes sont fixés, les acteurs sont sur le théâtre. Il leur enseigne à jouer leur rôle. Ils jouent! Et l'action se déroule dans une grande diversité et une parfaite harmonie. S'il n'a pas cette faculté, il n'est pas un metteur en scène. Il peut être un bon ouvrier ; il n'est pas un artiste.

Après cette première vision de l'ouvrage, il établit les détails de sa mise en scène. Il dessine les décors, les costumes, les accessoires : il les esquisse, tout au moins, de façon à les rendre compréhensibles pour le décorateur, le costumier, l'accessoiriste. Mais il ne songera pas au décor dans lequel va se passer l'action — avant d'avoir pensé longuement à l'action même. A celle-ci tout sera soumis ; et il se gardera bien de dessiner un décor dont l'action devra ensuite s'accommoder.

Il procède à la distribution des rôles, laquelle est, naturellement, tributaire, dans un théâtre lyrique, de l'*emploi* et de la musique ; mais, dans son choix, il fait intervenir la question de tempérament et de physique des interprètes.

Puis, figurant la plantation des décors qu'il a imaginés et sous l'influence de leur couleur et de celle des costumes, il commence à grouper ses personnages. Il crée des mouvements.

Il indique aux interprètes la signification littéraire de l'œuvre, son sens musical, et veille avec soin au rythme et à l'expression. Enfin, il fait jouer leur rôle aux artistes, en le leur expliquant, en le jouant lui-même, en ayant soin d'adapter l'acteur au personnage, et s'il n'en résulte rien de satisfaisant, il se résigne à adapter, autant que possible, le personnage à l'acteur, car le jeu des artistes, c'est l'*action*, c'est-à-dire le principal.

Un tel enseignement ne diminue en rien la valeur des artistes. Une vieille maxime de théâtre dit « qu'on ne joue pas la comédie tout seul ». Lorsqu'un acteur a étudié son rôle, qu'il le possède pleinement, quel que soit son génie, il ne peut le mettre à son plan qu'avec le concours d'autres artistes et, avant tout, avec les indications du metteur en scène qui commande et crée le mouvement et l'ensemble. De là, l'action se déroule avec clarté (les scènes ayant leur valeur et leur couleur véritables) et tout concourt à l'harmonie, à l'illusion, à l'émotion.

Pour exprimer tel acte ou telle scène de son œuvre, le poète, par le verbe, le musicien, par des éléments sonores déterminés, ont donné une couleur. A cette tonalité doit correspondre la tonalité de l'interprétation, des décors, des costumes, des éclairages.

❖ ❖ ❖

Le metteur en scène est responsable : il doit être le seul maître.

Le rôle de l'auteur est terminé lorsqu'il a remis son manuscrit. Son œuvre est incomplète, théâtralement parlant, à ce moment-là, puisqu'il reste à lui donner sa forme définitive. L'intervention de l'auteur ne serait opportune que pour compléter ses indications, préciser ses intentions, expliquer ce que son texte pourrait laisser d'obscur...

Si on a accordé une telle responsabilité et une telle confiance à un metteur en scène — c'est qu'il est un artiste. Dès lors, si ce n'est pas le directeur lui-même, celui-ci doit, au cours des études, conférer à son collaborateur sa propre autorité.

❖ ❖ ❖

Mais si le metteur en scène est le seul maître, dès que l'œuvre lui est confiée — il faut qu'il soit le fidèle interprète des auteurs, leur collaborateur éclairé, et qu'il s'efforce de traduire exactement leur pensée.

A propos de ***Pénélope***, M. Albert Carré écrivait au ***Courrier Musical*** :

« Il ne s'agit ici ni d'Homère ni du vieux mythe achéen, il s'agit d'un opéra moderne et du devoir qui m'était proposé de me conformer, non aux origines d'une légende, transformable au gré de ses adaptateurs actuels, mais à la façon dont cette légende était, par eux, traitée.

« On ne met pas en scène de la même manière une tragédie d'Euripide et une tragédie de Racine, fussent-elles nées, toutes deux, du même sujet. Présenter la *Pénélope* de Gabriel Fauré dans l'architecture mycénienne ou cyclopéenne, avec de rudes et primitifs personnages, eût été en désaccord avec la grâce et le charme tout modernes dont il a plu à l'auteur d'envelopper les regrets de *sa* douce Pénélope, le retour de *son* Ulysse et la joie que ces époux, qui n'ont rien de préhistorique, éprouvent à se retrouver. S'il met à mal les prétendants, on sent que ce n'est que pour obéir à la tradition et la répugnance qu'il montre à punir les servantes dissolues en les pendant aux poutres du plafond, comme le voulait Homère, suffit à nous rappeler que c'est en France qu'Ulysse a abordé et non dans quelque pays barbare situé au delà du Rhin.

« Le metteur en scène ne peut être que le très humble serviteur de l'auteur. Lire en sa pensée, chercher à en réaliser les intentions, se conformer strictement à la forme, à la couleur, au mouvement qu'il a donnés à son ouvrage, telle doit être sa règle de conduite. Il risquerait de faire fausse route et, ce qui serait plus grave, de trahir le mandat qui lui a été confié, s'il cherchait ailleurs son inspiration. »

M. Jacques Rouché, consulté, répondait :

« J'ai toujours réclamé la plus grande liberté pour le metteur en scène : j'ai souhaité qu'il se dégageât toujours de certaines prévisions historiques superflues. En vain prétendrait-on obtenir à grand effort de recherches érudites un attrait supplémentaire? les découvertes de demain peuvent rendre arbitraire la conception établie sur les limites de l'érudition d'aujourd'hui.

« Tel disciple, au bout de quelques années de professorat, n'a-t-il pas la surprise de se voir renier par le maître ?

« D'ailleurs, que d'auteurs restent indifférents à cette exactitude archéologique?

. . . .

« Récemment, à propos d'un ballet, on m'a reproché de n'avoir pas établi comme décor une vraie ruche d'abeilles et de ne m'être pas inspiré pour les costumes de la parure connue des frelons. On me proposa une mise en scène qui avait — entre autres — un petit défaut : celui d'être contraire au désir de l'auteur. Je fus obligé de faire connaître la volonté d'Igor Stravinski.

« Je rappelai l'arrivée du maître et son premier mot : « Nous ne tomberons pas, n'est-il point vrai, dans la niaiserie d'une réalisation matérielle empruntée à l'histoire naturelle » ; et le premier croquis qu'il nous donna d'un décor octogonal stylisé et de costumes blancs, transposition d'art que Dethomas réalisa d'exquise façon.

« Grâce à cette information je l'échappai belle!

« Que me serait-il advenu si l'auteur n'eut pas été contemporain?

« Lorsque j'ai remonté *Castor et Pollux*, après avoir demandé vainement aux érudits un passage, une correspondance où Rameau aurait indiqué son opinion sur l'art théâtral, j'ai pensé qu'il valait mieux choisir la mise en scène que Rameau avait vue sa vie durant, et reprendre une tradition fixée par les archives ».

Et M. Antoine précisait :

« M. Albert Carré a mille fois raison lorsqu'il affirme que le metteur en scène doit avant tout se conformer au « caractère » de l'ouvrage qui lui est confié. Ce principe élémentaire ne me semble prêter à aucune controverse.

« M. A. Carré vient d'en faire une nouvelle démonstration avec les *Noces de Figaro.* »

Voilà, certes, des opinions venant de personnalités qualifiées pour juger de telles questions.

❖ ❖ ❖

Ce qui est vrai pour la mise en scène est vrai pour l'interprétation. L'acteur lyrique doit se soumettre au texte des auteurs. Dans un opéra, la musique correspond — du moins en principe — au dialogue. Elle en reflète le mouvement, elle en traduit l'accent ; bref, elle concourt autant que lui à faire vivre les personnages et à indiquer, différencier et développer, au cours de l'action, leur caractère. Interpréter un rôle, c'est donc, pour un artiste, être à la fois d'accord et avec le poète et avec le musicien.

Mais un cas se présente souvent : celui où le musicien n'a pas été directement inspiré par le poète. Il ne lui est parvenu, si l'on peut dire, que par l'intermédiaire d'un librettiste ; et, soit pour des raisons de compréhension personnelle — ou d'incompréhension, — soit pour des raisons d'ordre pratique, plus apparentées au théâtre conventionnel qu'à l'Art, il arrive que ce librettiste simplifie, modifie, dénature les personnages originaux. On voudra bien convenir que la Marguerite de Carré et Barbier ne reflète qu'inexactement la Marguerite de Gœthe, que l'Ophélie des mêmes auteurs ne rappelle pas avec une vérité extrême l'Ophélie de Shakespeare !

En nous en remettant à la seule logique, que devons-nous conclure : que si le tragédien qui joue le drame de Gœthe ou celui de Shakespeare doit s'inspirer étroitement des caractères tracés par ces poètes immortels, le chanteur qui, lui, ne joue que l'opéra de Carré et Barbier doit ne s'inspirer que des caractères tracés par ces librettistes. Allons plus loin, et, toujours en vertu de cette même logique, supposons que le compositeur ait, à son tour, dénaturé jusqu'au caprice le caractère d'un personnage. Il apparaît comme évident que le chanteur, interprète de la musique, doit épouser, sans hésiter, le caprice du compositeur. On voit, d'ores et déjà, la souplesse, la réflexion, le juste sens critique qui doivent inspirer à la fois et les conseils du metteur en scène et le labeur de l'artiste.

Que sera-ce donc quand ce metteur en scène se trouvera en présence d'ouvrages ayant une origine commune, en raison d'une seule et même source légendaire, mais que différents auteurs auront différemment traités ?

Et qu'adviendra-t-il de cet artiste, astreint à jouer consécutivement un personnage toujours baptisé du même nom, mais réalisé de façons variables et parfois contradictoires ?

Prenons un exemple :

Dans le répertoire lyrique, les soprani dramatiques peuvent être appelés à incarner trois types différents du même personnage de Salomé. Deux, sans être précisément semblables, ne sont, ni l'un ni l'autre, infidèles à l'héroïne de la légende. Ceci s'explique d'autant mieux que les deux musiciens, M. Mariotte et M. Richard Strauss, ont eu pour inspirateur direct le même poème d'Oscar Wilde. Tous deux en ont traduit, de façon générale, la perversité morbide, le cynisme fantasque et la malsaine cruauté. Il va de soi que le personnage subit, dans chacune de ces deux œuvres, l'influence de la race, du tempérament, essentiellement distincts, des deux compositeurs. C'est donc à leur style respectif qu'il convient de s'en remettre pour découvrir et fixer les accents et les gestes caractéristiques de ce personnage.

Mais si nous en venons au troisième compositeur — lequel n'est pas le moins célèbre puisqu'il s'agit de Massenet — toute autre nous apparaît la traduction de *sa* Salomé! Ici, plus de perversité, plus de cynisme, plus la moindre cruauté, rien de conforme à la légende. Ni dans le livret, ni dans la partition, on ne trouverait un mot, une note ou une indication de nuances légitimant l'existence de telles caractéristiques. Au contraire — et l'auteur d'*Hérodiade* y insistait lui-même — Salomé doit être ici pourvue en permanence d'un caractère purement sentimental et enclin au mysticisme. Dès ses premiers mots, elle fait l'aveu de son amour et de ses souffrances. Ceci peut être pathétique, mais, à coup sûr, n'est point pervers, et indique déjà que rien dans l'expression, ni dans les attitudes, ni dans le costume, ne doit, cette fois, évoquer une personnalité malsaine. Cette Salomé ne se sent pas attirée vers Jean par une passion maladive; elle ne demande pas la tête du prophète « sur un plateau d'argent », pour la couvrir ensuite d'abominables baisers. Elle aime ce prophète ! Elle veut non point le perdre, mais le sauver. Ce n'est plus lui qui mourra par elle : c'est elle qui va mourir pour lui. Tout ce qu'on pourrait imaginer d'autre, sous l'influence des deux Salomé d'Oscar Wilde, serait donc contraire à la véritable expression de la Salomé de Massenet. Mieux vaut s'appliquer à ne point la priver de la tendresse, de l'exaltation mystique, de la réelle puissance dramatique et vocale qui, seules, sont aptes à la caractériser en propre.

Cet exemple nous apparaît probant. Nous ne le renforcerons point d'exemples complémentaires, au demeurant trop faciles à trouver.

En effet, il existe dans le répertoire lyrique un nombre respectable de Faust, de Marguerite, de Méphistophélès! Gounod, Berlioz, Boïto — pour ne citer que les compositeurs dramatiques (1) — leur ont respectivement donné droit de cité dans la Musique. Tous trois l'ont fait de fort dissemblable façon. Le docteur, galant cavalier, de Gounod, n'est point le rêveur philosophe de Berlioz. Le bon diable — « l'épée au côté, la plume au chapeau, l'escarcelle pleine, en somme, un vrai gentilhomme » — du premier de ces musiciens ne ressemble guère au sarcastique Méphisto du second, moins encore au Méphistophélès, démoniaque et puissant, de Boïto.

Mais nous avons assez cité déjà pour qu'on conçoive pleinement l'étendue et la variété d'un domaine dans lequel doivent rayonner, tout-puissants, l'esprit, l'ingéniosité, le goût et la fantaisie, le savoir et la maîtrise d'un metteur en scène véritable.

Se donner entièrement à une œuvre d'art, faire tout par soi-même ; l'action, les acteurs, le décor, la lumière, les oppositions et l'har-

(1) Il faut remarquer que Berlioz n'avait pas conçu son chef-d'œuvre en vue d'une réalisation scénique. Eût-il, de son vivant, autorisé qu'on le transportât dans un cadre créé après coup ?

monie, l'apothéose et le gouffre! Porel appelait cela un métier admirable. Mais il implique des devoirs dont peu d'artistes consentiraient à assumer la responsabilité, et exige des vertus qu'ils hésiteraient à se reconnaître.

On fait un grand grief à nos théâtres actuels de la durée des entr'actes qui arrêtent l'action, dispersent l'attention du public, diminuent son émotion et laissent aux spectateurs le temps de se reprendre.

Qui nous donnera un théâtre aménagé pour les changements rapides : que ce soit avec des étages superposés qui monteront et descendront par un mécanisme d'ascenseur, que ce soit avec des scènes tournantes, ou avec tel autre système?

Cette idée, du reste, ne date pas d'hier : Dusauget, dans ses *Nouvelles Littéraires,* nous dit que, en 1715, on vit à Dresde « le modèle d'un théâtre qui peut être tourné dans un instant, y eût-il trois cents personnes dessus, de sorte qu'on peut changer la scène et les décorations en un moment », et nous avons vu ce que, dans cet ordre d'idées fit, sous l'Empire romain, le patricien Caius Curion.

❖ ❖ ❖

Beaumarchais était un novateur — à tous les points de vue. Afin de ne pas interrompre l'action, il voulait supprimer les entr'actes, ou, du moins, les occuper par des scènes muettes ayant un rapport direct avec la pièce.

Pour *Eugénie* (Comédie-Française, 1767) au moment où l'héroïne vient de quitter le théâtre sous le coup d'une grande douleur, — scène qui termine le quatrième acte — Beaumarchais faisait entrer la camériste :

« Betsy sort de l'appartement d'Eugénie, très affligée, un bougeoir à la main, car il est pleine nuit. Elle va chez Mme Murer et en rapporte une cave à flacons qu'elle porte sur la table du salon, ainsi que sa lumière. Elle ouvre la cave et examine si ces flacons sont ceux qu'on demande. Elle porte ensuite la cave chez sa maîtresse, après avoir allumé les bougies qui sont sur la table. Un instant après, le baron sort de chez sa fille d'un air pénétré, tenant d'une main un bougeoir allumé et de l'autre cherchant une clef dans ses goussets ; il s'en va par la porte du vestibule qui conduit chez lui, et en revient promptement avec un flacon de sels, ce qui annonce qu'Eugénie est dans une crise affreuse. Il rentre chez elle. On sonne de l'intérieur, un laquais arrive au coup de sonnette. Betsy vient de l'appartement de sa maîtresse en pleurant, et lui dit tout bas de rester au salon pour être plus à portée. Elle sort par le vestibule. Le laquais s'assied sur le canapé du fond et s'étend en bâillant de fatigue. Betsy revient avec une serviette sur son bras, une écuelle de porcelaine couverte à la main : elle rentre chez Eugénie. Un moment après, les acteurs paraissent, le valet se retire, et le cinquième acte commence ».

Beaumarchais ajoute : « Il serait assez bien que l'orchestre, pendant cet entr'acte, ne jouât que de la musique douce et triste, même avec des sourdines, comme si ce n'était qu'un bruit éloigné de quelque maison voisine : le cœur de tout le monde est trop en presse dans celle-ci pour qu'on puisse supposer qu'il s'y fait de la musique. »

...Mais la Comédie-Française joua *Eugénie* avec les entr'actes, et sans souci des indications de Beaumarchais.

Reprendra-t-on cette idée ?

Les acteurs ne devraient jamais évoluer que dans les *plans* où ils sont à l'échelle du décor.

En même temps que la salle, la scène est inclinée vers la rampe. Tandis que le plancher monte, le plafond descend, les côtés se rétrécissent : la perspective est exagérée. Un arbre, au premier plan, a certaines dimensions ; au dernier plan, ces dimensions sont considérablement réduites. Le personnage a toujours la même taille ; il devient plus grand lorsqu'il s'éloigne de la rampe, puisque le décor devient plus petit : il y a contradiction entre la perspective exagérée du décor et la perspective réelle à laquelle ne peut se soustraire l'artiste.

Dans un théâtre de province, au quatrième acte de *Carmen*, sous un soleil rutilant, se dressait une magnifique plaza de toros. Au milieu de la scène, l'entrée du public, qui prenait toute la hauteur du théâtre. A leur droite, les spectateurs voyaient fuir la perspective de l'arène. C'est par là qu'arrivait le défilé. Lorsque, du fond, parut la *cuadrilla*, les *toreros* étaient aussi grands que le monument. Dans *Aïda*, un superbe décor représentait, principalement, une allée de sphinx. Ceux du premier plan étaient énormes, les dimensions des autres diminuaient, naturellement, au fur et à mesure que se prolongeait l'allée. Du fond, arrivait Radamès, vainqueur : il était, sur son char, plus grand que les sphinx.

Si grossières que soient ces fautes de mise en scène, elles ne sont pas des exceptions...

❖ ❖ ❖

Avec la décoration actuelle, le public n'a aucune illusion. Il voit des fleurs peintes, des statues représentées par des planches plates, des ciels figurés par des bandes de calicot, ou, dans le fond, par trois immenses panneaux mal joints. Il voit... ce qui est.

Certains décors ne peuvent pas s'harmoniser avec les costumes : les décors stylisés, par exemple, dont quelques-uns sont fort beaux. Un arbre est représenté par une teinte plate cependant qu'aucun détail des costumes n'échappe à la vision et que les acteurs sont maquillés avec le soin le plus minutieux.

Les peintres, dans un tableau, traitent paysage, personnages, vêtements, du même style. Dans cette unité, se rencontrerait la Vérité — la vérité théâtrale — car la vérité vraie est, au théâtre, domaine du mensonge, l'impossible chimère....

N'oublions pas que tout est faux autour des acteurs dont l'interprétation doit paraître juste, que, vivants, ils sont entourés de choses mortes, que la lumière y est artificielle, qu'ils jouent dans des salons qui n'ont que trois côtés, que le vent souffle sur des arbres dont pas une feuille n'est agitée. (Ce qui est encore mieux que de voir d'énormes nuages immobiles pendant tout un acte, ou, comme dans *Ariane,* les nuages filer d'un côté, quand les voiles sont gonflées dans l'autre sens.)

Contrairement à un tableau qui représente un mouvement pris à l'instantané et qui ne s'achève pas, le décor ne peut pas prendre un quart de seconde, puisque l'action se prolonge. Seuls, les changements de lumière peuvent donner, épisodiquement, une sensation du temps qui passe et aider ainsi l'action, en créant l'émotion de l'antithèse.

Mais, souvent, la lumière est distribuée de telle sorte que lorsque les acteurs s'approchent du décor, ils portent des ombres verticales sur des fonds dont le trompe-l'œil exprime, par exemple, une perspective de jardin ou la voûte du ciel.

❖ ❖ ❖

Simplifier, ne pas s'attacher à des précisions de détail, ne pas s'attarder, de parti pris, à des recherches de réalisme (il est des scènes qui appellent le décor réaliste, d'autres nécessitent le décor simplifié) ; n'envisager que le style et rechercher l'atmosphère ; résumer le décor dans son ensemble, choisir des fonds sur lesquels se détacheront les personnages, multiplier les jeux de lumière qui donneront le relief : voilà peut-être l'avenir de la décoration théâtrale.

Comme le décorateur, le metteur en scène doit sacrifier ou atténuer tels effets, afin de produire celui qui est opportun.

Nous sommes soumis à la logique du spectateur qui coordonne ses impressions visuelles, auditives et intellectuelles.

Et les lorgnettes rapprochent la distance avec laquelle on a compté.

Mise en scène, décors, costumes doivent être conçus non pas avec ce qui a été réellement, mais avec ce que l'imagination conçoit d'une époque.

Un costume doit donner la silhouette du personnage et, avant tout, ***s'adapter au corps de l'interprète***. Il doit être confectionné d'après ***un choix*** de documents en se pénétrant du ***caractère*** de portraits, de statues, de bas-reliefs qui sont eux-mêmes des œuvres d'art. S'il donne l'***impression d'une époque***, nous devons le tenir pour exact.

On ne peut pousser trop loin l'imitation de la nature dont on n'offre que l'image. Si celle-ci évoque la réalité, nous aurons donné l'impression de la réalité même.

Tout est interprétation. Ceux qui croient imiter véritablement les danses de l'antiquité, parce qu'ils ont copié un bas-relief, oublient que le sculpteur a déjà interprété la nature et que le ballet interprétera, à son tour, le bas-relief.

Il y a une limite. Il n'y en aurait pas si on obéissait à des considérations d'époque et de milieu, et on serait alors anti-théâtral et anti-artistique.

❖ ❖ ❖

On se plaint de découvrir peu de belles œuvres. Mais a-t-on bien les connaissances nécessaires pour juger un chef-d'œuvre avant sa réalisation ?

Et le choix d'un ouvrage ne devrait-il pas être dirigé par la valeur de celui-ci et non par des raisons multiples, quelquefois étrangères à l'art.

Il faudrait donc que les théâtres fussent libres.

Ici, nous touchons à des questions qui nous sont étrangères et que nous ne saurions résoudre.

Mais n'existe-t-il pas d'autres difficultés?

Nous attendons le poète qui trouvera un type

de drame répondant aux nouvelles formes de la musique française. Celle-ci est représentée par une brillante pléiade de compositeurs. Mais ils écrivent selon des formules qui s'appliqueraient à un livret qu'ils ne trouvent pas toujours. De là, malentendu, manque de ***conformité*** entre la musique et le poème, ou, pour mieux dire, entre la formule du musicien et celle du poète.

Souvent, les livrets sont tirés d'ouvrages connus, parfois de chefs-d'œuvre, que l'on dénature en les adaptant à la scène, afin, sans doute, de les rendre plus accessibles au public et plus conformes aux règles et aux habitudes du théâtre... d'hier.

Il arrive que les jeunes musiciens succombent sous ces livrets dépouillés de toute légende, de tout mysticisme, de tout symbole, et dont les personnages ne sont que des fantoches de convention sans cœur et sans cervelle.

Plus que jamais la formule triomphante du Drame Musical exigera un bon Poème.

Qui oserait nier qu'on se soit contenté, jusqu'en ces dernières années, d'affabulations enfantines, ce qu'on appelait les pièces « bien charpentées », vides de littérature, étrangères à toute philosophie, à toute poésie ?

C'est à Scribe que l'on doit beaucoup de ces

livrets. Oh! loin de nous la pensée de nous livrer au jeu facile de « blaguer Monsieur Scribe », l'immortel auteur de : « Un bon soldat doit *se taire, sans murmurer* », et de tous les « grâce pour toi-même » qui venaient infailliblement rimer (?) avec « péril extrême » ou « bonheur suprême ». C'est Scribe qui, pendant l'époque de romantisme dans le Drame et la Poésie, représentait la Comédie, la comédie bourgeoise. Tout le monde est d'accord pour convenir qu'il n'avait pas de style. Il serait puéril d'y insister, ses ouvrages en témoignent suffisamment, ils dépassent le chiffre cruel de trois cents! Preuve déplorable d'imagination ingénieuse et active. On lui prête aussi une perception très nette de l'harmonie scénique, une faculté spéciale pour « faire une pièce », une connaissance exceptionnelle du théâtre. De quel théâtre? Du théâtre « de son temps ». Et nous allons tomber dans la question de savoir ce qui est ou ce qui n'est pas « théâtre ».

Son contemporain Musset a écrit de véritables chefs-d'œuvre considérés, alors, comme n'étant pas « théâtre ». Eh! ne sait-on pas que Shakespeare n'était tenu pour un auteur de « théâtre » qu'en son propre pays!

Scribe se plaisait à présenter, avec des personnages inexistants, les invraisemblances les plus déconcertantes ; son esprit nous apparaît aujourd'hui si naïf, si innocent que, seuls, les collégiens y trouveraient à sourire. Ses admirateurs sont encore nombreux. Qu'importe! chaque chose a son temps...

Les virtuoses du chant, les « seigneurs du gosier » ont fait accepter des platitudes qui, sans le secours de leur voix, eussent paru monstrueuses, et ils ont intéressé le public à des aventures dont le tragique est souvent à pouffer de rire!

❖ ❖ ❖

Les plus hauts sommets de l'art lyrique ont été atteints par la seule musique instrumentale. Mais en dehors des ouvrages de Gluck, réformateur de l'opéra français. — n'est-ce pas la Symphonie *avec chœurs*, de Beethoven, qui fit éclore et s'épanouir le drame musical? N'est-ce pas elle qui fit entrevoir à Wagner l'union de la Symphonie et du Drame ? Bach est-il moins grand dans ses cantates, dans ses deux « Passion », que dans ses œuvres de musique instrumentale? Reprocher à Gluck, à Wagner, de n'avoir fait surtout que du théâtre est un tantinet injuste. Il ne faut pas oublier que ces maîtres n'ont « infinisé » de musique — ce mot-là nous semble surtout convenir — que des drames promus naturellement à l'art des sons. Leur glorieux exemple pose la question dans son jour véritable : mettre en musique des paroles, des actions véritablement ***musicables***, c'est-à-dire celles dont la musique est le commentaire obligé et final. La Tétralogie, essentiellement poétique, appelait l'expression musicale. Mais que de drames qui ne méritaient même pas l'expression littéraire! Le drame musical est donc celui qui, de par son essence poétique, devait trouver sa suprême signification dans la musique.

...Ces dernières années ont consacré la gloire de Wagner, ont fait triompher Berlioz et amené un retour à Gluck et à Mozart — pendant que plusieurs ouvrages modernes attiraient les foules...

❖ ❖ ❖

L'Ecole italienne nous révéla un art facile, aimable et accessible, mais sans poésie, sans grandeur, sans signification et qui mérite son déclin.

Il est impossible, cependant, qu'un Art qui régna longuement sur nos théâtres soit dénué de toute valeur. On peut donc ne pas aimer cette Musique, mais il est difficile de nier l'importance qu'elle a su conquérir dans l'histoire. Certes! les maîtres italiens avaient l'inspiration facile, et, pourvu que leur mélodie fût riche en séductions et féconde en effets vocaux, peu leur importait l'harmonie. Nous savons que leurs ouvrages n'ont aucun lien et ne sont construits que comme un prétexte à des airs, duos, cavatines formant une sorte de concert d'où le Drame est absolument exclu. Ils n'écrivaient que pour la voix ; aujourd'hui encore, lorsque nous entendons quelque vieil ouvrage italien, nous ne pouvons nous empêcher de sourire agréablement devant tant de facilité et d'insouciance, devant cette évocation des délicieux *farniente* de la vieille Italie.

Pourquoi eût-on pris les choses au tragique, dans ce pays béni, sous le ciel lumineux, devant la mer transparente, au milieu des merveilles de l'art et de la nature?... Italia! Italia!

Quelle que soit la date de son action, l'œuvre doit être humaine, affranchie de l'histoire, ou elle n'est pas « musicable. »

Un héros de drame — qu'il soit de nos jours ou de l'époque la plus reculée — peut être lyrique. Mais il ne le sera ni par un costume, ni par des paroles, ni par « de la voix ». Il le sera par l'expression de sa nature vraie. Et si on le fait chanter, c'est que la Musique est, alors, le seul verbe assez puissant pour traduire ce qu'il ressent.

Eschyle, comme Wagner, composait la musique de ses drames — car le Drame Musical nous vient d'Eschyle et d'Euripide.

On demande à la Musique de signifier une idée, d'élever notre esprit, de nous émouvoir, de nous consoler, de nous enthousiasmer.

Que de soirées passées à l'audition d'ouvrages où l'on n'a pas, une seule fois, éprouvé la moindre sensation! Que de temps perdu! L'œuvre musicale qui ne nous ravit point à nous-mêmes, qui, nous résorbant, si je puis ainsi dire, ne nous hausse point au-dessus des réalités dont notre vie est tissue, cette œuvre n'est que du son. Oh! les musiciens dont le constant souci est de faire « de la musique » et de plaire au public, au lieu d'étudier des personnages, d'en exprimer la psychologie, de créer une ambiance, de donner la vie!

Baumgarten disait : « L'art ne doit être ni élégant, ni spirituel, ni charmant. Il doit être élevé et non considéré comme un jeu, un passe-temps. » Et Kant rejette l'art comme distraction frivole, proclamant qu'il doit avoir une influence sur l'esprit scientifique et sur notre formation sociale. Gluck considère la musique, non pas comme l'art d'amuser l'ouïe, mais comme le grand moyen d'émouvoir le cœur.

On reproche à la musique de n'être pas comme la peinture, la sculpture et l'architecture, un art qui puisse se suffire à soi-même et, partant, on la classe comme une interprète docile de la pensée artistique. On l'accuse d'être plus matérialiste, d'agir sur la *sensitivité nerveuse*, plutôt que sur l'*esprit* et de parler à nos passions plutôt qu'à notre âme.

Dans son œuvre, le sculpteur, ou le peintre, nous impose sa volonté, il a figé sa pensée en une forme que nous ne pouvons varier, il nous force à interpréter l'Idée selon son idée.

Le musicien nous permet de superposer à son émotion nos émotions personnelles. Dans son œuvre, notre sensibilité dégage ce qui correspond à notre mentalité, à nos passions, à notre état d'âme, à nos souvenirs. Nous sommes émus par ce qu'il y mit et par ce que nous y mettons nous-mêmes. Nous pouvons, en quelque sorte, l'interpréter selon notre tempérament particulier et collaborer avec lui. Nous prenons la matière dont il s'est servi et, de son rêve, nous faisons notre rêve à nous...

Eh bien! maintenant que, en France, nous allons avec logique vers la Pensée et la Poésie, maintenant que, tout en nous souvenant des grands Maîtres anciens, nous avons adopté les formules nouvelles, il serait peut-être permis de dire que, quoi que nous fassions, nous serons toujours les fils de l'Italie et les petits-fils de la Grèce, les Latins, les Méditerranéens, les Amants de la clarté et de la lumière.

Mistral disait : « Pourquoi m'abreuverais-je de houblon, puisque je puis boire le vin clairet de nos vignes ? »

Pourquoi ne pas chanter sa propre nation dans son cœur et dans son génie? Wagner lui-même nous en donne le plus noble exemple.

Ayant subi la musique italienne, nous étant instruits à la musique allemande, nous avons la musique française, ou, si vous aimez mieux, nous revenons à cette dernière.

Mais y a-t-il une musique française, italienne, allemande? Sans doute, comme il y a une musique scandinave, une musique papoue... Mais, en réalité, il y a la ***Musique***. La mélodie italienne n'a-t-elle pas été de tous les pays? Le Français Rameau ne tenait-il pas un peu de l'Italien

Lulli la justesse d'expression dramatique que nous retrouvons chez l'Allemand Gluck?

Nous avons la tradition française de ces maîtres, un instant refoulée par une période italienne où l'erreur consistait en ce que « la musique, qui n'est qu'un moyen d'expression, était devenue le but, et que le drame, qui est le but de l'expression, n'était plus qu'un moyen » (1). Puis, voici Berlioz, voici César Franck, voici Lalo, voici Georges Bizet. Ils ont ouvert la route et, avec eux, s'impose la musique moderne française, dérivée de nos plus grands maîtres et accrue de progrès accomplis.

Dès lors, la Dramaturgie Lyrique ne peut-elle puiser dans notre trésor français, tandis que les musiciens trouvent une admirable matière dans nos chansons populaires, d'où Bizet tira son admirable *Arlésienne* ?

Prenons un exemple dans un ouvrage ancien déjà : *Mireille*. Heureux choix. Admirable poème, s'offrant d'avance à la langue musicale.

Lorsqu'on a lu *Mireïo* dans le texte provençal, il subsiste, tel un parfum pénétrant, cette évocation de la rude, sauvage, riante et poétique terre provençale. On a vécu avec des êtres vrais,

(1) R. Wagner.

forts et fiers, dont les mœurs, l'idéal chevaleresque n'ont guère subi l'influence des époques nouvelles, et qui, au contraire, ont gardé l'empreinte de leurs origines.

On a respiré l'arome de la vie antique.

On garde l'impression profonde d'une œuvre forte, pensée et écrite « dans la fleur de ses années » par un homme de la terre, attaché à la glèbe dont il est toujours l'esclave amoureux.

Mireille, dans sa forme d'opéra-comique, est privée de la langue provençale sonore, harmonieuse et expressive. Mais voici qu'on l'a parée de ce langage admirable : la Musique, qui élève tout, qui commente et élargit le Verbe et parle à nos sens et, à la fois, à notre âme.

Eh bien! après l'audition de *Mireille,* on a la satisfaction d'avoir assisté à un spectacle charmant, agrémenté de mélodies ravissantes jaillies du cerveau et du cœur d'un artiste de génie, d'un Maître qui a créé une des formes mélodiques les plus caractéristiques de notre époque, et telle que les compositeurs qui le suivirent ne firent que l'imiter et qu'elle inspire encore une grande partie de nos musiciens. Mais on n'a entendu qu'un opéra-comique, d'une conception et d'une réalisation conventionnelles, banales et surannées.

Mireille est un prétexte à cavatines et à duos.

Il y fallait un ténor et une chanteuse : des virtuoses. Fussent-ils des artistes, pourraient-ils faire autre chose que se bien poser en scène, mettre la main sur leur cœur et lancer les jolies phrases mélodiques dont leurs rôles sont uniquement composés ?

Autour d'eux, gravitent des personnages devenus sans importance, sans caractère, ou dont le caractère est inexpliqué, parfois faussé. Lorsqu'arrive la phrase du joli duo de Magali, on se prend à regretter le simple chant provençal : « *O Magali, ma tant amado* », et il faut la procession des Saintes-Maries pour nous faire entendre le beau motif qui est tiré d'un cantique provençal. On se prend à déplorer qu'on n'ait pas fait plus d'emprunts aux chants populaires et aux noëls de la terre de Provence.

On attend alors la « vision » et la mort tragique de Mireille. Mais, par suite de « tripatouillages » de la dernière heure, elle ne meurt pas. Elle revient à elle et épouse son amoureux !

❖ ❖ ❖

Faut-il souhaiter que metteurs en scène et acteurs de théâtre « tournent » leurs regards vers le cinématographe ?

Ce sont, il est vrai, deux spectacles qui n'ont rien de commun. Le cinéma et le théâtre ont des règles qui sont particulières à chacun d'eux.

Le théâtre a le privilège incomparable du verbe qui permet d'analyser la psychologie des personnages, d'étudier leur ***caractère.***

L'écran, qui prend la vie au vol, qui nous la donne dans sa réalité, qui nous fait assister au passage d'une rivière par un escadron de cavalerie et à une course de taureaux, qui nous montre les vagues de la mer à l'assaut des rochers, et qui est allé fouiller la nature jusqu'à nous offrir la vie intime des fauves ou l'éclosion d'une fleur, l'écran est, certainement, le spectacle qui s'adresse le mieux à la foule, à toutes les foules.

Les artistes cinématographiques renoncent au théâtre conventionnel et se rapprochent de la vérité, ou ils n'emploient certains procédés théâtraux que par instants et à bon escient.

Les acteurs de talent doivent renoncer à ce talent, ou l'adapter, et oublier leur personnalité pour collaborer à un ***ensemble.***

Les plus célèbres au théâtre souffrent d'un passé pendant lequel ils n'ont donné que la vérité théâtrale, alors qu'il faut donner ici la vérité de la vie. Nous avons vu des comédiens fameux qui, sur l'écran, étaient traditionnels et dépaysés, n'ayant pas su se faire un masque, ni rompre avec leur art, l'autre, celui du théâtre, ce qui ne les diminue pas : nous n'avons pas encore pu juger de l'épreuve contraire; nous en jugerons le jour où une étoile de cinéma se hasardera à aborder le théâtre...

Jusqu'ici, bien des scénarios ne sont qu'un amas de puérilités et de platitudes. Mais il en est d'autres. Quelques-uns sont des œuvres simples, poétiques et dramatiques. Parmi les meilleures, il en est qui, par l'atmosphère, la rapidité de l'action, l'absence de tout autre moyen d'interprétation que la mimique, par le silence et, surtout, par la disposition spéciale du public de cinéma, donnent à celui-ci une émotion véritable, et qui ne supporteraient pas le grossissement du théâtre. Le Verbe en révèlerait la banalité, parfois la grossièreté.

La nécessité s'impose de relever la qualité intellectuelle des productions cinématographiques.

Ah! si on pouvait supprimer les affiches, du moins celles qui *coupent* une scène, et — les amateurs passionnés de l'écran vont protester — ne pas prodiguer les « grosses têtes », dont la présentation arrête l'action, détourne l'attention du public et révèle les défauts du visage, et qui ne sont véritablement opportunes que par instants.

Si l'on pouvait ne pas oublier que les meubles,

les accessoires, les étoffes, les murs sont photogéniques.

Si l'on pouvait créer, en France, des studios dignes de nous — et employer la lumière naturelle ou artificielle autrement qu'au hasard ou avec des exagérations intolérables !

Ici, nous sommes encore dans des salons qui n'ont que trois côtés, nous sommes, en outre, voués au blanc et au noir, mais, plus qu'au théâtre, le public est avec les acteurs, vit parmi eux et prend part à l'action.

Au milieu de cette vie intense, l'art muet ne parviendra à sa véritable expression qu'avec le concours de la langue la plus admirable, la plus universelle, puisqu'elle peut déterminer chez les peuples de pays, de mœurs, de caractères les plus différents, la même émotion psychique : la Musique. Non pas une musique quelconque et *plaquée* sur le scénario, ni même empruntée aux belles œuvres, mais écrite en une étroite collaboration avec la pièce, comme pour un ouvrage lyrique.

Dans celui-ci, c'est le Verbe qui prédomine. Au cinéma, pas de paroles, mais de l'action : la musique s'impose comme un commentaire naturel, une amplification du geste, un conducteur d'émotions.

Un ami, — le même qui nous contait les procédés de mise en scène de certaines étoiles italiennes ou américaines — nous a fait ce récit :

« Un riche industriel, un inventeur, est venu me proposer, il y a quelques mois, de mettre en scène un film, dont il était l'auteur, d'y interpréter le principal rôle, entouré d'une troupe qu'il me chargeait d'engager et de préparer.

« Je lui déclarai que, jamais, je n'avais « tourné » de film, que même je n'y avais jamais songé, que je n'y étais nullement préparé, que, en dehors des spectacles de la nature, je n'aimais pas le cinéma, et que j'étais incapable de mener à bien la mission qu'il me confiait. Il me donna les raisons de son choix et insista tellement que... je me mis au travail.

« Cette étude nouvelle ne me permit pas de pénétrer à fond les arcanes de la cinématographie. Mais, de ce premier contact, je reçus le coup de foudre! Je jouais un rôle de berger. Et lorsque je me vis foulant une vraie prairie, m'abritant sous de vrais arbres, consultant les astres dans le ciel véritable, donnant des ordres à un chien dressé à m'obéir, et entouré de brebis qui croyaient suivre leur véritable berger dont je portais le costume, vous devinez mon enthousiasme, après tant d'années que j'avais évolué parmi des arbres peints sur des morceaux de toile, dans une lumière artificielle, n'ayant, pour figurer un berger, ni chien, ni moutons, ni ciel, ni prairie, mais seulement une limousine sortie du magasin de costumes.

« Et quel beau rôle que celui de metteur en scène cinématographique — avec la collaboration de la nature qui vous exalte et vous suggère des trouvailles que ne vous offriraient ni l'expérience, ni l'imagination, ni l'ingéniosité.

« Là, tout est vérité. Que de choses j'aurais encore à apprendre et... à désapprendre. Combien je devrais me familiariser avec cette nouvelle manière d'interpréter, avec les mille et une méthodes de réalisation, bref avec les innombrables manifestations modernes de l'écran, avec son art, sa science et... ses trucs. Mais j'ai la foi !

« A l'un de nos directeurs qui me faisait — il n'y a pas très longtemps — la proposition de rentrer au théâtre et qui, pour vaincre mes résistances, m'affirmait que « j'avais toujours la même voix », je répondis : « Il se peut que j'aie encore la voix, mais je n'ai plus la foi ! »

« Eh bien ! quoique je continue à ne guère aimer les spectacles cinématographiques ordinaires, je crois que j'ai retrouvé la foi ! Et ce miracle, c'est le cinéma qui l'a fait ! »

Miracle, en effet, pour qui connaît notre ami.

❖ ❖ ❖

Résumons-nous : il importe, tout en respectant les traditions, de ne pas s'attarder dans la routine, d'entrer résolument dans une période nouvelle et de suivre la route que nous ont ouverte des Théâtres d'Art comme le Küntzler, le Deutsche Theater, les scènes de Moscou et de Munich, et d'autres encore, même en France.

Car cette évolution de la mise en scène contribuera à celle de l'interprétation et introduira des idées nouvelles, de nouvelles habitudes dans nos théâtres et, consécutivement, dans nos écoles.

Elle aura raison de l'indifférence du public, de son incompétence et de celle d'un trop grand nombre de nos dirigeants. L'époque sera moins lointaine où la foule consentira à marcher dans les chemins que lui tracent les artistes.

Le goût véritable du théâtre, de la musique, du chant, de l'art vrai se répandra. Le public se détachera des ouvrages qui ne sont que des spectacles lyriques et s'initiera complètement aux belles œuvres. Ceux sur l'esprit desquels pèse encore la routine de toute une tradition, reconnaîtront enfin que de nouvelles lois sont indispensables pour la réalisation d'ouvrages qui ont imposé la ***forme nouvelle*** du Drame Musical : union magnifique de la Symphonie et du Verbe, polyphonie intense, rythmes nouveaux, harmonies imprévues, savante instrumentation.

Les temps sont accomplis !

❖ ❖ ❖

Si, au bout de ce livre, le lecteur éprouve quelque déception, il lui sera répondu : « On n'a tenté que de construire. »

A-t-on réussi ?

On se flatte pourtant de ceci : de n'avoir fait fi d'aucun effort, de n'avoir méprisé aucune initiative ; et, même, d'avoir aperçu parfois que ce qui est antique n'est pas nécessairement vieux, et que ce qui est renommé « tout à fait moderne » n'est pas, toujours, la jeunesse même.

Aucune hostilité contre ce qui fut le passé, mais aussi aucun misonéisme : voilà, nous semble-t-il, qui doit être, pour l'artiste, une règle vraie et féconde.

Savoir reconnaître sous les dogmes qui accablent l'intelligence humaine la Tradition qui vivifie ; savoir discerner, parmi les singularités qui composent ce que l'on appelle la Mode, la nouveauté qui sera la vérité de demain... Il peut suffire pour cela, d'être de bonne foi.

Pour le surplus, « craignons de blasphémer la Beauté inconnue », comme a dit Anatole France.

Essayons de comprendre, puisqu'aussi bien la seule façon que l'homme ait de comprendre, c'est d'aimer.

Cela, qui est vrai pour la vie, ne l'est pas moins pour le théâtre et pour le chant.

Août 1920.

LA MAISON DES ARTS
ACHEVÉ D'IMPRIMER LE
CINQ JANVIER
MIL NEUF CENT VINGT DEUX
PAR: CHARLES HIRSCH. 14 RUE D'UZÈS
PARIS II

www.ingramcontent.com/pod-product-compliance
Ingram Content Group UK Ltd.
Pitfield, Milton Keynes, MK11 3LW, UK
UKHW021554260726
13993UKWH00002B/827

9 782329 043678